文化赋能

品牌长青秘诀

刘 航◎著

中国商业出版社

图书在版编目（CIP）数据

文化赋能：品牌长青秘诀 / 刘航著. -- 北京：中国商业出版社，2022.1

ISBN 978-7-5208-1973-2

Ⅰ. ①文…　Ⅱ. ①刘…　Ⅲ. ①企业文化–研究　Ⅳ. ①F272-05

中国版本图书馆CIP数据核字(2021)第245286号

责任编辑：包晓嫱　佟 彤

中国商业出版社出版发行
010-63180647　www.c-cbook.com
（100053 北京广安门内报国寺1号）
新华书店经销
香河县宏润印刷有限公司印刷
*
710毫米×1000毫米　16开　13.5印张　205千字
2022年1月第1版　2022年1月第1次印刷
定价：58.00元
* * * *
（如有印装质量问题可更换）

序 Preface

近几年，“赋能”是一个热门词，尤其是在商界，它常被高频率地使用。比如说“技术赋能”“制度赋能”“品牌赋能”……只要是你能想到的方面，似乎都可以赋能。“赋能”一词最初出现在心理学中，主要指通过言行、态度、环境的改变给予他人正能量，以最大限度地发挥个人才智与潜能。

对于个人IP，或是企业品牌运营来说，归根结底，真正能为其赋能的，其实只有文化。不论技术、制度、营销，还是管理、执行，抑或是创新与客户管理，都是文化的一个分支，或者说是支撑起文化这座大厦的一根柱子。

对于企业来说，文化由三个层次构成：第一个层次是物质层面的文化，可称为企业的“硬文化”，包括办公环境、产品质量、团队建设、宣传标识等；第二个层次是中间层面的制度文化，包括管理机制、人际关系，以及各项规章制度和绩效考核等；第三个层次是核心层的精神文化，也叫“企业软文化”，包括企业愿景、使命、价值观。

一个人的职业生涯与其所在企业的文化融合得越好，发展方向越一致，越利于其自身的发展。这也是很多企业在招聘新人时，除了考量新人的技术、学历、专业等因素之外，更注重其之前所在公司企业文化的原因。很多有经验的面试官，在面试新人时，会让他们简短地介绍一下自己来面试之前的工作情况。只要对方略谈几点，面试官就能从中了解这家企业文化的概况。

为什么？因为企业文化是烙印在员工生活、工作细节当中的，员工不经意间说的某些话，甚至一些无意说的行为细节，都会自然而然地展现出企业文化。所以，想要了解一个企业的文化，无须看它搞的什么文化墙，做的什么文化讲座，更不看它的考核机制，仅仅是看员工、看老板就足够了。可口可乐公司总裁曾经说："如果可口可乐的全部工厂一夜之间烧光，那么第二天依靠它的商标也会东山再起。"很多人听后都认为，他是在强调品牌带来的力量，其实在品牌的背后就是企业文化。

优秀的企业文化能够为员工成长及企业发展赋能，它不仅能给员工的职业生涯带来助益，还能从根本上提升团队的效能，而且对企业品牌与IP的打造至关重要。所以，现在越来越多的个人、团队及企业开始注重文化IP的打造。特别是对企业来说，用文化管人，用文化赋能，就是不断削减过度的外部管理，打破企业与员工、客户、市场等之间的壁垒，直至完全打破传统管控模式；就是不断地用正确的世界观、人生观、价值观引导员工。这样的公司，即使算不上优秀与伟大，也值得尊重。

目录 Contents

第1章

市场竞争不可怕，就怕企业没文化

企业文化≠企业+文化。企业文化也不是华丽空洞的口号，而是企业的灵魂所在，它要真正内化于心，外化于行，正如苹果公司创始人乔布斯所说：『文化不是纸面上如何宣传，而是心里信仰什么，是一群人如何思考、如何做事。』

企业文化：决定企业命运的DNA

一家企业要成长，要保持足够的竞争力，要基业长青，就一定要有自己的文化基因。因为成长中的企业输出的不只是产品与服务，还有企业文化——知道自己从哪里来，到哪里去，到底要什么，也就是企业战略布局。打个比方说，没有文化的企业，就像是脚踩西瓜皮，滑到哪里算哪里。

“文化”是我们常挂在嘴边的一个词。据专家考证，其最早出处是战国末年儒生编辑的《周易·贲卦·彖传》，其中有“观乎天文，以察时变；观乎人文，以化成天下”之语。以“人文”而“化成天下”，用现在的话来说，就是用礼仪、风俗、典籍，以教化天下百姓。在这里，虽然“文”与“化”并未联结成词，但已经有了今天的“文化”之意。

在西汉时期的思想家刘向所著的《说苑·指武》中，有一段话：“圣人之治天下也，先文德而后武力。凡武之兴，为不服也；文化不改，然后加诛。”其中，“文化”是指文治为法，以礼乐典章制度为依据而教化臣民。这与现今的含义非常接近，也是目前学界所掌握的“文化”一词最早的出处。

20世纪80年代，美国波士顿大学教授斯坦利·M.戴利首次提出了“企业文化”的概念。企业文化，是一个企业由其价值观、信念、仪式、符号、处事方式等组成的其特有的文化形象。它是企业在生产经营实践中，逐步形成的，为全体员工所认同并遵守的经营理念、经营目的、经营方针、价值观念、经营行为、社会责任、经营形象等的总和。

在现实中，很多公司都作了大量的广告和CI设计，企业形象包装得非常好，但这并不能说明它们有了企业文化。企业文化不是用嘴巴说一说就有的，整天喊口号、挂标语更不妥。真正的企业文化，一定是融入每一个员工的思想和落实在行动中的。它是一个公司的灵魂、前进方向、员工动力，它能让整个公司的运行自然顺畅。

优秀的企业文化不但有助于员工保持创新活力，强化员工的执行能力，而且还可以简化企业内部的管理流程。而且，它对合作伙伴、客户、供应商、消费者，以及社会大众等都有吸引力。

有一段时间，重庆“江小白”火爆网络，成为人们争相研究的焦点。有人研究它的渠道分销，有人研究它的品牌管理，有人研究它的上下游供应链管理。其实，相比于这些，为其赋能最大的是独特的企业价值观及品牌文化。

对于白酒行业而言，白酒本身就是一种文化，也是一种社交文化，更是一种消费文化。“江小白”在营销过程中，通过产品创新和品牌文化的独特表达，迅速打开市场，赢得目标消费者的喜爱。

“江小白”所倡导的品牌文化，是小众而独特的，它代表了一种生活态度。这也决定了它的消费群体定位是年轻人，特别是有个性、有自我觉醒意识的年轻人。

在产品包装设计方面，企业摒弃“过度包装”，采用至简设计，包装简洁，给人一种活泼、清新的感觉。在颜色搭配上，摒弃传统大红色，采用活泼青春的蓝色，让人眼前一亮。在产品外观设计上，采用漫画男生作为主体，易与有意思、有情怀的年轻人产生心理共鸣，在文案编辑上，采用独树一帜的“语录体文案”，将工匠精神和娱系精神完美融合。让年轻人不单单从理性消费角度购买产品。

可以说，“江小白”追求的企业文化就是一个字“新”——“新生代＋新趋势＋新形象＋新通路”。即面对新的用户，新的需求，要始终坚持创新。例如，从传统白酒的辣喉感和苦味到更加“利口化”。从这个意义上说，“江小白”的成功不完全在于它的品牌，而是其一直在坚持不断创新、“知行合一”的企业文化。

产品的质量作为基础竞争力，是抢占市场赢得消费者的首要条件。一款产品，没有品质作为保障，就不能够在消费者心中赢得一席之地。若想要牢牢地稳定消费群体，则需要企业具有独特而统一的企业文化。

特别是在今天的互联网时代，新业态、新品牌层出不穷，这不禁让人想起一句话“但见新人笑，哪闻旧人哭”。曾经火爆一时，然后又快速被人淡忘的品牌数不胜数，它们被时代抛弃不是因为技术、资源的匮乏，更不是市场容量变小，而是因为缺少文化。说白了，就是它们善于用互联网制造话题，善于品牌传播，但是缺少一套持之以恒的核心价值观，及独特的、有生命力的企业文化。

企业文化不等于老板文化

只要有人在的地方，就一定存在文化，故每个企业都有自己的文化。有人也许会说："我们的企业就没有所谓的企业文化。""我们的老板没文化，企业哪来的文化？""企业文化不就是老板文化吗？"

其实，老板文化不等于企业文化，企业文化也绝不是老板一个人的文化。老板是践行企业文化的带头人，在企业文化建设中起着至关重要的作用。优秀的企业文化，有利于增强员工的凝聚力与忠诚度。如果一个企业过分强调老板文化，甚至把老板个人的喜好等都视为"文化"，那这种文化就是畸形的。

据说，齐桓公特别喜欢紫色的服装，全国老百姓为了迎合齐桓公的喜好，都穿紫色的衣服。这样一来，紫色丝绸的价格猛涨，甚至五匹本色丝绸都换不来一匹紫色的丝绸。齐桓公因此而犯愁，于是他对管仲说："我喜欢紫色的衣服，以至于所有的百姓都喜欢穿紫色的衣服，所以紫色的衣服非常贵，你说我该怎么办？"管仲回答说："如果您想改变这种局面，可以尝试穿其他颜色的衣服，然后对身边的人说：'我特别讨厌紫色的臭味。'如果有穿着紫色服装的人进来，您一定要对他说，'稍微往后退一点，我不喜欢紫色的臭味'。"齐桓公听后，说了声："好。"

“齐桓公好服紫，一国尽服紫”，这就是一种文化熏陶。在企业中，类似的情况也并不鲜见。如果老板的个人喜好，已经影响企业的风气，或者与企业的文化活动紧密相联，那么老板的文化，就等同了企业的文化。一家只有老板文化，而没有企业文化，或者说没有个性化企业文化的企业，很难自上而下地充分发挥员工的能动性，提升员工的归宿感。

有些人认为，企业文化的各种理念等都由老板确认，在工作中老板让我干什么，我就干什么，老板怎么干，我就怎么干，难道企业文化不是老板文化吗？事实上，认为老板文化就是企业文化的人是非常多的，这其中既包括老板本人，也包括企业的一些中高层管理人员，甚至还有专门从事企业文化建设的人员。

周先生是一家公司的总裁，他是董事长半年前花大价钱请到公司来的。上任后，周先生就对公司进行了大刀阔斧的改革，极大地提升了公司的运营效率。与此同时，他还尝试重建企业文化，并让负责企业文化建设的刘经理进行梳理。三个月过去了，刘经理只写了一两百字，还是东拼西凑而成的。他说：“我也不知道企业文化是什么，这个要听老板的。”有一天，周先生找到刘经理，说：“从现在起，就不要再梳理公司的文化了。”

其实，在周先生来之前，董事长也曾有心做公司的企业文化，但后来不了了之。原本，周先生想按照自己的思路重建企业文化，并且也在不断地思考与企业文化相关的内容，但是越想越不对劲，后来索性放弃了。因为周先生逐渐意识到，这家公司的企业文化说到底还是“老板文化”，虽然自己是公司的总裁，但是身份其实是个职业经理人，说到底，公司是董事长独自负责全部事务的。所以，在管理公司过程中，一定要彰显老板的管理精神和治理理念。

在上面这个案例中，周先生之所以放弃重建企业文化，是因为他认为“我不是老板，做好自己的本职工作就可以了，没有必要节外生枝”，再说了，董事长的一些价值观念、管理理念对公司文化影响至深。如果自己推行的一些管理理念与之不相容，一来推行难度大，二来可能会违背董事长的“意志”。

在建设企业文化时，如果将老板文化视为企业文化，看似合乎常理与逻辑，其实真正要让员工从心底里认可、接受是非常困难的——大家不认可老板这个人，或者他的某些做法、癖好、性格等，那他提出来的一些企业文化，又怎么能让人信服呢？例如，一个老板在生活上不检点，却要求员工“洁身自爱”；自己斤斤计较，却要求员工乐于奉献，那他这所谓的“企业文化”又有几个人当回事呢？

所以，要想让文化为企业赋能，就不要将老板文化与企业文化画等号。当老板文化等于企业文化的时候，这个企业不可能有未来，当企业能够摒弃老板文化，就可以基业长青！

好的文化一定是生长出来的

任何一家企业，其实都有自己的文化氛围。严格来说，从它创办的第一天起，有些文化就已经形成了。好的企业，其文化氛围定是积极向上的，比较差的企业，其文化氛围也相对消极。不论是哪种文化氛围，都会对置身于其中的每个人产生潜移默化的影响。也就是说，一家优秀企业中的员工，常把已经存在的文化视为理当如此，但在外人看来，则很容易直观感受到企业文化的魅力。

蚂蚁金服董事长彭蕾在谈到企业文化时，曾经说过这样一段话："不管你是什么行业，是不是文化的外显，最后都是透过你的言行举止来进行表达。你去一家公司，你感觉这家公司是什么样一家公司的时候，其实从你一进门就能感觉得到。你去它的前台、厕所看一下，那种地方其实就是很能够体现公司文化的地方。"

可以说，一家企业真正有价值、能够流传下来的东西，不是产品而是这家企业形成的文化。企业展示给别人的是什么，团队内部成员之间是如何交流的，企业是如何与客户打交道的，企业在用什么样的方式提供服务，等等，这些都是文化，而且这些文化是大家共同搭建起来的。一句话，好的企业文化都是生长出来的。

在生活中，我们经常见到这样的情景：一些企业会让员工整齐列队，在管理人员的带领下振臂高呼，口号叫得震天响。美其名曰：“塑造企业文化，打造高效团队。”其实如此夸张的做法未必能将教化意义直接扎根于人心，结果很可能是，说一套做一套。在现实中，可以说90%以上的企业在做企业文化时，其实只是做了企业文化中的宣传工作。比如做企业内刊、建网站、搞微信群或者公众号、做文化手册，或者办年会、周年庆、艺术节、运动会、员工生日会等。说白了，都是在做表面文章。最终的结果是，企业文化落不了地是十分正常的事，如果能够落地，反倒是不正常了。

要知道，没有根基的，或是不能落地的浮夸文化，非但不能让企业从中汲取养分，反而会腐蚀掉你的企业。要想真正让企业文化在组织中落地、生根、开花并且结果，不能依靠只喊口号，而要知行合一、言行一致。简单来说，只需扎扎实实做好三件事。

1. 讲出来：明确企业文化的具体含义

在企业文化落地方面，一定要多讲、善讲。记住，讲述一定要清晰，即将企业文化定义清楚。比如，可以将企业文化中的“激情”定义为“乐观向上，永不放弃”，也可以将其定义为“立志高远，满怀热情与执着，追求卓越”。在明确了某种文化的具体含义后，要不断地讲，反复地强调。这里说的讲，不是指苦口婆心地说教，而是通过相关渠道娓娓道来，从而潜移默化地影响员工。或是将企业内部发生的真实案例，用一种大家喜闻乐见的形式传播出去，例如，讲故事；编辑制作培训课件；贴在公告栏；印在公司文具上；由员工自扮自演，制作成视频等。

2. 定下来：建立共同的愿景

共同愿景是一种文化理念，它不但能唤起人们对未来的希望，让他们变得更有追求，而且能够改变个人与组织之间的关系。有了共同愿景的引导，大家不会认为“这是他们的公司”，而会觉得“这是我们的公司”。在建立共同愿景时，应遵循下面四个原则：

· 采用自下而上的顺序，引导全员参与目标的制定；

· 团体互动，在经过充分的交流、反思中构建共同目标；

· 上下一致，协调好团队目标与个人目标之间的关系，根据实际情况，可分别制定近期目标、中期目标和远期目标；

· 目标应明确、恰当、合理，尽可能地激发全员的斗志。

有了共同而明确的愿景，大家就会知道谁是路人，谁是志同道合的伙伴。与此同时，企业上下会为了实现共同为之奋斗的目标，从而形成企业的凝聚力和向心力。

3. 带起来：领导要身先士卒

在古时候，将军率兵打仗，只有身先士卒，才能鼓舞士兵们奋勇杀敌。《论语》有云：“其身正，不令而行；其身不正，虽令不从。”意思是说身为领导，要以身作则，做出表率，这样即使自己不下命令，下面的人也会跟着行动。

同样的道理，在企业文化落地过程中，高层要做企业文化的引路人，中层要做好企业文化的推动者，基层要做好企业文化氛围的营造者，如此一来，企业文化所代表的价值观和行为理念便能够快速贯彻落实在全员中。

作为领导，自己带头找借口开脱，却要求下属遵从规章制度，尊重和传播文化，下属怎么会心甘情愿地遵从呢？一个高瞻远瞩的决策者，不仅是文化的构建者，更应该是一个践行者——学会做一个亲力亲为的“优秀员工”。

优秀的企业文化不是一两天就可以形成的，而是需要经过长时间的积累和沉淀，并逐渐地内化于每一个员工心中。可以这样说，企业文化落地是一个循序渐进的过程，是企业员工逐渐认同、理解、接受，最后到自觉遵守、认真实践的推进过程。在这个过程中，一定要避免短视行为，更不能移花接木，敷衍了事。

建立企业文化IP的哲学之问

“IP”一度是一个耳熟能详的时髦词语，时至今日，依然是经常挂在人们嘴边的流行词。甚至说话的时候不带上IP，都不好意思谈项目。那我们认为的IP究竟是什么呢？绝对不是我们了解的计算机IP地址。

有人会说：“这还用问啊，IP就是品牌嘛。”

也有人说：“错啦，错啦，IP就是Logo，今天我还给客户做了3个IP。”

还有人说：“你们的认知也太肤浅了，IP分明就是知识产权，唉，还是多读书吧。”

对于IP，每个人理解的似乎都有些道理，但又似乎不是那么回事儿。其实，IP只是一种符号，它的本意是“知识产权”，是英文Intellectual Property的缩写。如今，伴随着新媒体的崛起，IP已经成为一种有着高辨识度、自带流量、强变现穿透能力、长变现周期的文化符号。

举些简单的例子。星巴克不是IP，Blue Bottle是IP；百事可乐不是IP，江小白是IP；腾讯不是IP，但QQ秀是IP；等等。在这个信息时代，如果你不懂IP，就如同一直趴在窗台上看，却永远无法领悟时间之窗的改变。

也可以说，文化IP重构了商业逻辑。在过去，我们通过利用各种宣传手段来提升企业的知名度，让自己的品牌增值，一旦停止宣传，很快便无人知晓。而如今，一个有着文化 IP 的企业，它不需要过多地宣传，也不需要投入大量的广告费用，就会自带流量。这里 IP 遵循的是文化逻辑，不是传统的商业逻辑。传统的商业逻辑是：广而告之—变现—发展。而 IP 的文化逻辑是：情感共鸣—思想共振—精神召唤。

这并不是说文化 IP 有多么的特别，而是说，发现 IP 的过程其实是不断认识自己、调整自己、塑造自己的过程，同时，也是一个不断对组织自身存在价值的考问过程。在这个过程中，必须要面对三个哲学之问："我是谁""我从哪里来""我到哪里去"。

1. "我是谁"——认清自身及社会价值

建立文化 IP，意味着你要发掘自己的天赋异禀，还原自己的价值，并打破固有的规则和体系。即通过对天赋、使命、社会价值的深度挖掘，从而打通生命与事业的任督二脉。否则，认不清真实的自己，不知该怎么做，而为了利益一味追时髦、玩噱头，甚至做违背道德与公序良俗的事情，那只能是自毁名声，即使一时得利，也是"过把瘾就死"。

某地一家企业的一则招聘启事一度引发了网民热议。在这则招聘启事中，有这么一个"奇葩"条件，即应聘者需承诺终身服务于该公司，并以自家房产作为抵押，在本人离开公司后，方归还房产证。同时还要求员工"忠诚不谋私，顾事业不顾家"。

虽然这家公司提供的待遇较优厚，但是附加条件实在不近人情。"忠诚不谋私"的要求可以接受，"顾事业不顾家"又做何解释呢？曾经这种措辞在宣传一些先进人物事迹时偶有出现，但现在已经很少这么说了。再说了，先进人物主动舍小家顾大家，除了因为人格高尚，很多时候也是基于现实条件不得已做出的无奈之举。这家公司却以此要求员工，人为地将事业与家庭两者对立起来，人们不禁要问：“这是一种何其扭曲的企业文化？”

对一个企业来说，要建立自己的文化IP时，一定要多问问自己：我是谁。这样你才清楚你有什么优势，你能为别人提供什么，你倡导的价值观是什么，否则，一心只是为了赚钱，想怎么来就怎么来，最终的结果只能被贴上另类的标签。

2.“我从哪里来”——在传承中丰富、创新

建立企业文化的过程中，其实也是一个先由少数人影响多数人，再由多数人同化少数人，最终达到统一的过程。对企业文化建设、发展来说，早期的那一“少部分人”是非常重要的。特别是，一家优秀的公司，由这部分人建立起来的企业文化是很难被改变的——不论企业做了多少年，换了多少位高管，企业文化的基因始终不会发生改变。

现在很多企业，一旦换了高管，就换一种文化，下面的人就会变得无所适从，这就说明这个企业的文化基因没有真正形成或产生。换句话说，就是没有真正思考过“我从哪里来”这个问题。

要知道，在企业生存和发展过程中，自然会形成或遇到很多文化要素，这其中大部分是好的，对企业的发展有一定的价值。这时完全可以借鉴过来为已用。

某企业创立40多年，在发展过程中，经历了各种风雨，甚至一度面临生存危机，最终靠着全体员工的共同努力，一路走到了今天。起初，该企业提炼出的文化要素是“踏实”“勤劳”“保守”“依赖”等。后来，逐渐把“保守”调整为“开放”，“依赖”调整为“自立”，并摒弃了一些不符合时代特征的文化要素，从而让企业焕发了新机。

这里，对企业文化要素的调整，并不是对原有文化的否定，而是一种延续传承，一种充实完善。与此相反的是，许多企业朝令夕改，今天提出一个企业文化，明天就把它否定掉了，过几天又搞出一个新的花样出来。文化没有延续性，你问他“文化 IP 有没有”，有是有，不过是“偷”来的，是“借”来的，你找不到它的根，追溯不到它的历史。毫无疑问，这样的文化 IP 都是昙花一现，没有生命力的。企业文化的生命力就在于，传承中彰显创新变化，发展变化中体现传承。

3.“我要去哪里”——文化 IP 与企业发展目标对接

好多人知道如何经营企业，却不知如何打造文化 IP，甚至对企业未来要拥有怎样的文化 IP 没有明确的概念。如此一来，只能是走一步算一步。虽然文化 IP 是个看上去挺虚的东西，用《道德经》里的话说叫作“无”。而“有无相生”，就像火苗一样，火苗一定得依附于一个看得见摸得着的物体才会产生，如木柴，木柴燃尽后，火自然就灭了。那企业文化 IP 这个“虚无”的东西要依附于什么呢？一定是目标。

这里的“目标”，是指共同的目标，即企业员工内心特别渴求实现的目标，而且这个目标的实现，会提升他们的价值感。反过来，这种价值感会让他们更加认同企业的文化，从而自发地将企业发展目标变成个人目标，并变“要我做”为“我要做”。这样一来，文化 IP、企业发展目标、个人成长就对接起来了。

所以说，关于企业文化 IP 的三个哲学之问的根本就在于：在追求企业价值的过程中，更好地成就员工。当一个企业拥有了自己的文化 IP，在内部，它就会自动产生源源不竭的动力，激发出更强的活力；在外部，会建立良好的口碑，吸引更多的关注，甚至会不经意引领了趋势潮流！

做百年老店，打造文化 IP 是根本

迄今为止，被国家商务部认定为“中华老字号”的企业有近千家之多，但真正能够在市场大潮中焕发新机，并且做得风生水起的，仅百十来家，近一半处于亏损状态，其余的只能算勉强活着。特别是在 2020 年 9 月，“狗不理”王府井店被摘牌的消息上了热搜后，不禁引起了人们的一番思考：老字号招牌接连“翻车”，问题出在哪里，接下来要何去何从？

相对于一些不景气的老字号，中小企业的平均寿命更是只有区区几年。不论哪类企业，当它们的发展遇到瓶颈时，往往有资源、技术、人力、市场等方面的原因，当然，也一定存在企业文化方面的问题。

有些企业倚“老”卖老，认为只要顶着“老字号”的名声就不怕没有生意做。因为足够“老”，可以说你“很独特”“有情怀”“很稀缺”，但在这个追求个性化与多样化的时代，“老”也可能成为一个痛点。毕竟，现实中，愿意为这种所谓的“独特”“情怀”买单的年轻人越来越少，更别说那种没有文化传承与文化 IP 的所谓的“老”更像是一种噱头——说白了，这仅能算一门传统生意，而这样的生意极为普遍。

有些百年老店能够把生意做得很火，一定是因为它更能适应时代和外界环境的变化，并不断进行自我进化和蜕变，并且在这个过程中又能守住其文化之魂。我们可以试想一下，在漫长的经营史上，作为老字号的企业一定遇到过各种各样的问题：或缺少资金，或更换管理者，或更换产品，或遭遇市场不景气……不管这些外在的因素如何变化，唯有企业文化一直不变。用时下的话说，就是拥有了自己的文化 IP。

“益民”是益民集团旗下的老字号品牌，为了使产品更年轻化、时尚化，公司将传统的方冰砖变成可以插棒签的雪糕，同时，还对品牌进行升级改造，研发出了熊小白系列产品，有香草、芝士和草莓酸奶三种口味，产品一经推出，深受消费者的喜爱。除了熊小白系列，益民还对传统产品“三色杯冰激凌”进行了改进。经过十几轮试验和筛选，最终确定了咖啡、香草、百香果等几种口味，而这些口味都是年轻人比较喜欢的。

为了锁定“90后”“00后”这些目标人群，益民计划结合一些二次元、卡通形象等推出熊小白的家族系列，围绕其讲一系列故事。这样一来，不但可以打造企业 IP，也可以创新产品口味。在此基础上，熊小白还衍生出诸如皮包、手机壳等产品。除此之外，公司还有这样的计划：给熊小白变装；进行跨界合作 IP；推出自己的动画片；等等。

可以说，为了争取年轻消费者，益民集团在文化 IP 的打造上下足了功夫。事实也证明，企业采取系统措施后是成功的，它不但传承、发扬了传统的企业文化，也让企业、产品更加适应时代的变化与年轻人的消费特点。

不论是百年老店，还是立志做百年老店，在这个 IP 为王的时代，要让文化成为营销利器，有效地为品牌赋能，必须要学会打造自己的文化 IP。

通常，一个 IP 的打造要历经内容整理、IP 形象创建、造就内容、粉丝互动交流、商业服务衍化五个阶段。如果能把这五个阶段的功课做充足了，那么距离打造出个性化的 IP 就近了一步。

熊本熊是熊本县的地方吉祥物，设计它的初衷是以吉祥物的身份，欢迎到该县观光的游客。那它后来是如何爆火起来的呢?

原因是熊本熊具有高度的拟人化特点，再加上它还有一个体面的职位——熊本县的旅游局局长，它的表情憨态可掬。在设计过程中，设计人员经过潜心研究，并经过不断修改，才创造出这个超级IP。例如，要认真研究它的每一个动作，以便让人们看上去更可亲近有趣。为了与人们频繁互动，它会非常忙碌，不是“抢”游客的包，就是和别人打闹，不停地制造各种事件。

现在，越来越多的品牌商开始利用人格化IP为自己的产品和品牌寻找市场定位，做到精准定位目标用户群，从而强化用户对产品和品牌的基本认知。例如，雕牌推出的“雕兄”，受众开始从中年妇女向年轻人转变，并试图与年轻人建立沟通。

不论是国内的还是国外的企业，在IP的打造方面都有一个共性，那就是非常注重IP的人格化表达。将IP人格化，其实就是让品牌具有一些“拟人”的功能和元素，甚至有时候，通过打造公司CEO的个人品牌，直接将个人IP和品牌、产品联系起来，从而使单一的品牌形象变得丰富饱满起来。

你的文化真的能赋能吗

“赋能”是个近年来比较时髦的词，从字面理解，就是赋予能量。很多做企业的人一提到它，就会像被打了“鸡血”一样，恨不得让能想到的一切东西都可以赋能。最典型的，也是快让一些管理者磨破嘴皮子的例子，莫过于打造狼性团队了。

他们认为，在狼这种动物身上有许多可以为员工所借鉴的品质，故而提出诸如“狼性文化”“狼道”“狼性管理”等企业文化，一时间，狼成了图腾一样的存在。

这些东西真的能赋能吗？未必。

而且，有些文化非但不能赋能，还会产生负能量，这样做只会给企业管理带来更多困扰。当然，有些文化没问题，但是讲文化的人有问题，也无法实现赋能。

有一家连年亏损的企业，核心员工流失率居高不下。为了扭转局面，老板也是用尽了心思。一天，老板不知从哪里学了一点东西，回到公司后大谈变革，要为企业注入新的文化——“老牛文化”。

有人提出异议：“人家的企业文化都是狼啊，虎啊，豹啊的，你却搞‘牛文化’，似乎与潮流格格不入啊。”

“那些都是别人‘玩’剩下的，我们要特立独行。”

究竟什么是“老牛文化”呢?

这位老板的解释是：“勤勤恳恳做事，只问耕耘，不问收获，多讲奉献精神。”紧接着，他还为员工描绘了美好的愿景：大家努力干，与公司一道成长，争取用2年的时间实现新三板上市，用5年的时间实现A股上市。到那时，公司会施行股权激励机制，别说是实现财富自由了，随便哪一个人至少都是千万富翁。现在是黎明前最黑暗的时刻，大家可要加把劲儿啊。

但并没有多少员工被这种文化“熏陶”，而且，还是经常有员工跑来抱怨：“老板，看能不能涨点工资啊？”

“哎呀，你的格局要大一点嘛，只盯着工资有啥前途？我们是做大事业的人，要把眼光放长远些。”

很快，又有一些员工辞职了。

老板一肚子的“委屈”：

“这帮员工，只会看钱做事，你对他们的要求稍微高点，他们就跟我谈钱。”

“只要我一提加班的事，总会有人站出来反对，难道他们不希望公司发展得更好吗？”

“他们只想着立刻获得回报，从来不想以后有更大的回报。”

在这个案例中，这位老板虽然为企业尽了心，但苦于没有好的方法为员工提供更好的工资待遇。于是想借“老牛文化”为公司发展赋能，激发员工的干劲。但是，他忽略了员工的基本诉求——文化本身没有问题，但是脱离了员工的基本诉求去谈文化，即使这种文化再优秀，也很难被员工接纳。

其实，99% 的人工作都是为了赚钱，如果企业避开这个问题，大谈企业文化，就是“画大饼”“灌鸡汤”，一点用都没有！你说这样的文化能赋能吗？当然不能。所以说，只有把员工的诉求照顾到了，优秀的文化才会为企业赋能。

优秀的文化在推行过程中，如果领导者不能正确扮演自己的角色，那么它也无法为企业赋能。尤其是以下几种错误的做法，企业管理者一定要尽量避免。

1. 利益独吞，不愿分钱

优秀的企业文化，一定是正向的，可以给团队带来积极的力量。也可以说它是一种激励文化，其中一个核心是利益共享。《道德经》上讲：“上善若水，水善利万物而不争。”如果企业将利他精神融入企业文化中，为客户、为伙伴、为员工提供有价值的平台，那么整个企业文化的建立与传播也就水到渠成了。

在企业中，真正有才能的人追求的往往不是那点固定工资，他们渴望有自己的发展空间。但是，很多老板却扼杀了员工的这种积极性，他们不愿意与员工共享利益。其实，利益共享是最好的企业文化，也是最重要的文化。

2. 跟风炒作，缺少个性

现在很多企业都有了自己的企业文化。客观地说，这些所谓的企业文化，的确有许多是照搬照抄过来的，结果是要么严重脱离了企业实际，要么太过空泛，要么缺少个性。例如，某知名的信息技术公司的企业愿景是“创世界一流高科技企业”，于是很多只有 10 多个人的小公司也纷纷效仿，立志“打造世界一流高科技企业”，或是“做行业顶级的企业”。这就严重脱离了实际，显得很空洞。

3. 流于形式，停于口头

众所周知，企业创始人对企业文化的形成、推广和发展起着关键作用，但也有不少企业文化只停留于企业内部的通知、通告等公文方面，或是止于企业领导的口头表述，下面的管理层与员工都不参与其中。这时，所谓的企业文化，其实更像是拉拉大旗、装装门面的"作秀"，无法真正发挥凝聚、引导、规范和激发的作用。例如，比较注重企业的旗帜、徽章、标语、口号、着装、礼仪等外在形式，而其文化内涵却无法被员工理解，这样就无法成为他们不断前进的精神力量。

4. 缺少积淀，朝令夕改

要形成一种稳定的企业文化，需要一定的时间，这期间既有积淀、培育的过程，也有对其合理元素进行发掘、提炼的过程，还有论证、确立的过程。所以，企业文化一旦形成，并融入每位员工的内心后，不应作太大的调整，更不能全盘否定。

然而有很多企业在文化建设上朝令夕改。例如，一家企业的主要领导职位发生变化后，新领导对原有的企业文化并不认同，所以全盘否定后，再提出一套新的方案。再比如，有些企业没有经过认真发掘、提炼，也没有经过集体讨论与反复论证，就急匆匆地提出了新的企业文化，结果推行了一段时间之后，发现问题多多，于是又推倒重来。

企业文化是企业之魂，领导者在企业文化的建设中起着重要的引领作用。因此，要想让文化为企业赋能，领导者必须要尽到自己应尽的职责与义务，同时要多深入调研、听取意见，不搞"一言堂"，不自娱自乐，如此才能真正为企业"量身定制"一种企业文化，使其对员工形成积极的驱动。

经典案例：字节跳动——倡导开放透明的企业文化

字节跳动是一家科技公司，其旗下产品有今日头条、西瓜视频、抖音、火山小视频、皮皮虾、懂车帝、悟空问答等。其全球员工数量突破了10万人，已经是一家传统意义上的大公司。

如此庞大的一家公司，其核心竞争力是什么呢？

答案是：最外在的表现是产品，支撑产品的是技术系统，说到底是靠团队和文化。

在字节跳动中，所谓的价值观不是价值观，它们被称为Byte Style（字节范）。公司员工们秉持着“字节范”的行为共识一起在公司奋斗，而字节范包括追求极致、务实敢为、开放谦逊、坦诚清晰、始终创业，2020年，公司又增加了“多元兼容”这一核心原则。

追求极致

不断提高要求；延迟满足感；在更大范围内找最优解；不放过问题；思考本质；持续学习和成长。

务实敢为

直接体验；深入事实；不自嗨；注重效果；能突破有担当；打破定式尝试多种可能；快速迭代。

开放谦逊

内心阳光；信任伙伴；乐于助人和求助；合作成大事；格局大；深层次思考；敏感谦逊；ego 小；听得进意见。

坦诚清晰

敢当面表达真实想法；能承认错误；不装不爱面子；实事求是；暴露问题；反对“向上管理”；准确、简洁、直接、有条理，有重点。

始终创业

自驱；不设边界；不怕麻烦；有韧性；直面现实并改变它；拥抱变化；对不确定性保持乐观；始终像公司创业第一天那样思考。

多元兼容

理解并重视差异和多元；建立火星视角；打造多元化团队；欢迎不同背景的人才；激发潜力；鼓励人人参与；集思广益；主动用不同的想法来挑战自己；创造海纳百川，兼容友好的工作环境。

每年，公司都会吸纳大量的新员工，为了让新员工快速融入这种文化，公司做的第一件事，就是取消工号，所有人直呼其名，这么做的目的是杜绝排资论辈氛围的滋生。例如，在一些跨部门的合作中，有一方到最后可能都不知道对接工作的另一方是实习生。

公司还刻意地淡化了对头衔的称谓。比如那些经常出现在新闻稿上的职位头衔，多是临时准备的。也就是说，公司没有人知道彼此的头衔是什么。

除此之外，公司特别注重营造开放透明的文化氛围，以便让各类信息在内部更高效、透明地流动，从而创造一个透明、高效的信息环境，这被视为字节跳动作为一个组织运行的底层价值。

有一次，公司 CEO 张一鸣批评一些员工工作期间在群里聊游戏。当时，有人解释说，老板啊，你不能只看大家聊天，你也要看我们闲聊的时间占我们工作的比例啊。当着老板的面摸鱼不说，解释起来还振振有词。

通过这件事可以看出，公司的氛围是非常自由、透明的，质疑不仅仅是来自上对下，同时也可以来自下对上，而且管理灵活度也很高，从而促进员工内在驱动力的形成。这样一来，员工成就了企业，企业也成就了员工。

第2章

让软文化生根，让硬制度落地

企业文化是企业理念形态文化、制度形态文化、行为形态文化和物质形态文化的复合体。文化与制度之间是一种蕴含与互动的关系，文化中蕴含着制度，制度中也体现了文化。没有文化的制度与没有制度的文化都是不可想象的。

文化缺失的制度，算不上是好制度

如果你是一位企业管理者，有人问你："你想把一家企业做大，还是做强，抑或是做久？"你怎么回答？

面对这个问题，大多数人会说"做强"。其实，这三个环节缺一不可。若想要把一家企业做大、做强、做久，一定离不开企业文化的构建！特别是一些中小企业在扩大规模时，经常出现的产品质量、效率无法保证的问题，表面上看是制度问题，实则是文化问题。

M是某公司的老板，公司有30多个人。一年前，他力排众议，坚决推行"996工作制"。当时，一些元老级员工都劝他："像我们这种科创型企业，实行弹性工作制比较好。"M说："我是公司老板，我说了算。再说了，好多公司都在实行'996工作制'，不都挺好的吗？"

有员工说："可是，这不太符合我们的企业文化呀。"

"别和我谈文化，文化能当饭吃吗？有文化怎么了，没文化又怎么了？我们要的是价值。我花钱请员工来，就是希望他们能为公司作贡献。"

在推行"996工作制"半年后，员工流失率、用人成本都大幅增加。结果，公司不得不改回弹性工作制。

作为老板，不能凭借个人喜好做决策，更不宜通过“画饼”来让员工为公司做事。因为员工也会用“价值”，而非“价钱”来衡量自己的工作。因此，你不能仅仅是用钱来吸引员工为你工作，而要用更具有价值的东西把他们吸引过来，这种东西就是企业文化——缺少企业文化的制度，是冰冷的，即使设计得再妙，也算不上好制度。

一个成熟的、优秀的企业，规章制度的制定是建立在企业文化的基础上的，员工的行为都是企业价值观的转换和表象，制度的制定是为了将企业价值观转换为员工的共同行为，也是固化企业文化的过程。

下面，我们来看一个关于猴子和香蕉的故事。

将5只猴子关进一个笼子里，笼子上面吊着一串香蕉。实验人员在笼子边上安装了一个自动装置，一旦监测到有猴子碰到香蕉，立刻就会有水喷向笼内，这样，所有猴子都会被淋湿。

刚开始，有一只猴子想去拿香蕉，结果所有猴子都被淋湿了。接下来，每只猴子都进行了几次尝试，发现情况都一样，于是大家达成了一个共识：谁也不要去碰香蕉。

接着，实验人员将一只猴子放出来，换进去另一只新猴子。这只新猴子看到香蕉，立马就去拿，结果被其他猴子暴打一顿。新猴子试了几次，结果都遭到了暴打，便不敢再去拿了。

于是，实验人员又把一只猴子放出来，再放进一只新猴子A。这只猴子看到香蕉，也是伸手就拿，结果被揍了一顿。而且第一只新猴子打得非常狠，A猴子试了几次，也不敢再试了。后来，实验人员一只一只地试，最后将笼内所有的猴子都换了一遍，所有的猴子都不敢去碰那香蕉，但是它们都不知道为什么。

在这个故事中，有一个不成文的“规矩”，就是谁也不能去碰那串香蕉，碰了就要挨打，慢慢地，碰香蕉就要被暴揍成了猴群中的一种文化。这种文化对其行为有着非常强的约束力。这里，“不能碰香蕉”的这个“规矩”，有点像我们企业中的一些制度，即员工能做什么，不能做什么。至于为什么不能做，员工不清楚，只知道公司是这么规定的，大家只能被动接受，否则，违反规定就会受到惩罚。

也就是说，当员工不认同制度的内涵时，制度只是管理者的“约束文字”，其反映的也只是管理原则和规范，对员工只是外在的约束。当一项制度内涵已被员工接受，并自觉遵守与维护而形成习惯时，制度也就随之成为一种文化。

由此可见，制度只是硬规矩，而文化更像是一只“无形的手”。企业在制定、推行各项规章制度的同时，要尽可能地将员工认可的企业优秀文化融入制度中，这样既可以使制度看上去不那么生硬、冰冷，又使得制度约束下的员工的举动更容易成为一种自觉行为。

好的制度可以是规则，但绝非潜规则

任何一种企业制度，它首先是一套规则，是明确的、明文规定的、显性的。衡量一个企业的制度是否科学合理，只要看员工是选择按潜规则做事，还是运用显规则做事就可以了。如果是前者，说明企业制度是有问题的。

这也是许多企业难以提高管理水平的症结所在，即无法消除附着在制度上的潜规则。例如，有些企业建立了很多制度，包括引入规范化人才管理系统、OKR 等，都没有用。其根本原因在于，企业内部长时间形成的约定俗成的、秘而不宣的潜规则在起作用。

有家小企业，从表面上看，员工之间相处非常和睦，大家经常在一起吃饭、唱歌，私下里，却都颇有微词。为什么呢？因为企业内部有一个不成文的规定：谁拿了月度奖金谁请客。这一度影响到了企业的绩效。

有一位优秀员工连续请了三次客，他每个月的奖金是 500 元，一次请客要花去 1000 元，“净亏”500 元，虽然员工表面上装作不在乎，说“和大家一起开心最重要”，但是心里却十分不爽。在第四个月，他本该拿到月度奖金，但故意旷了一个工，因此与月度奖无缘了。

起初，老板不太在意这些情况，在看到问题的严重性后，他召开了员工会议，当着大家的面给了那位员工 1500 元，并且说：“这是我个人补给你的，你奖金才500元，花1000元请客，说明你这个人还是很不错的，但是大家赚钱都不容易，从现在起，我们要废掉谁得奖谁请客这个规矩。”

在许多公司，潜规则都是企业隐性文化的一部分。很多老板没看到这一点。如果说潜规则可以将一个企业的责任体系推翻，那么这个企业一定做不好。责任体系是企业管理的基础，没有它就谈不上管理。

现实情况是，一些中小企业制度很不健全，有时甚至需要靠潜规则来维持团队的正常运作。对这些企业而言，潜规则管理是一种比较便利的管理方式，它体现在来得容易、方便、省事；如利用老乡关系，可以快速建立一种组织体系。这迎合了老板追求的低成本心理。再者，有的老板的管理水平有限，他脑子里一心想着赚钱，根本不愿意在管理上投入太多精力与时间，管理方面能简单就简单。尤其是在利用潜规则尝到甜头后，那他对这种管理方式就更加欲罢不能。

从长远来看，潜规则这种隐性文化会给企业的管理带来许多不利影响。

首先，如果企业长期没有规矩，那么很难做大。

其次，企业真正需要的有能力的人才进不来。因为大凡潜规则盛行的企业，内部一般都是帮派林立。

再次，愿意担责的人越来越少。因为规矩都是潜在的，谁错谁对含混不清。这是中小企业最大的问题，其实是很低级的问题。

比如，任人唯亲，就是一种很常见的潜规则。在大部分公司里几乎都存在这样的情况：老板的儿子、亲戚，或是高管认识的人的孩子，很容易就可以谋得一个“闲差”，或是把持公司重要职位，有时候，某些职位明明不需要人手，但还是会被安插进来。

李先生是一家公司的销售主管。有一次，他要招一位经验丰富的售后，公司领导硬塞给他一个刚毕业的大学生，还说这人头脑灵活，一教就会，很有培养前途。这个新人是老板三大爷的外甥，人懒不说，还不配合工作，也不愿意学习，说他几句，还要反过来怼你。最后李先生实在受不了，就找到领导说："人你还是领走吧，这哪里是新人，明明是个大爷啊。"

领导说："这是老板的亲戚，你就将就一下吧。"

之后，李先生再也没有搭理这个新人。2020 年因为新冠肺炎疫情的暴发，公司销售业绩大幅下滑，公司决定裁人。李先生心想：第一个就让那个"大爷"走人。结果，裁员的名单中竟然没有他，3 个表现非常优秀的员工竟然在其中。他有些不理解，本想找老板理论，但最后想想还是算了，既然老板决定了，自己也没有什么能挽回的。

从那之后，那位"大爷"每天坐在那里聊 QQ，炒股票，半个月没出一单，年终竟然是优秀员工。

类似这样的情况在一些企业中并不鲜见。一旦潜规则在企业内盛行，那因此得利的员工就可能蔑视制度，轻视规则。特别是当企业对管理制度进行提升时，受到的来自这些员工的阻力也会很大，容易让管理者陷入进退两难的境地。

要彻底消除潜规则，关键要做好三点：

首先，在企业管理规范上要加强认识剖析潜规则的危害性与弊端。

其次，管理者一定要把企业责任体系建立起来，并对企业的运作流程进行梳理，让任何一件小事都有专人负责。

最后，企业对潜规则要进行一种长期的改造，要树立显性规则，做到奖罚分明。

从长远的角度来看，只要企业是发展的，就必然会走向制度化，让显规则成为企业发展的主流。当显规则演变成人们潜移默化的行为模式的时候，企业就会步入发展的快车道。

“两条腿”走路：制度要硬，文化要软

企业要想有序发展，行稳致远，必须要靠“两条腿”走路：一条腿是文化，一条腿是制度。二者缺一不可。文化用来引领企业的发展方向，制度可以驱动企业不断向前。

现实中有不少公司的企业文化搞得红红火火、形式多样，但真正发挥效能的却少之又少，还有很多公司搞与不搞一个样。而且有些公司的企业文化建设与企业管理效果、企业经营业绩严重脱节，虽然天天嘴上喊着“企业文化”，却很难印在心上，更难落实在行动上。

为什么？一是文化缺失，二是制度缺位。

1. 文化缺失

只有制度没有文化，结果只有两种：要么执行过度，要么缺少执行力。只有文化与制度相因相生，才能实现有效的管理。

文化是企业的灵魂，没有文化的企业就像沙漠，缺少生命的活力。文化产生自然的影响力，润物细无声，可以引领人的思想，驱动人的行为，是一种非制度可比拟的强大驱动力。在企业管理中，一旦企业文化缺失，员工只会做你将要考核的事。

2. 制度缺位

什么样的制度培养什么样的人，不是什么样的人产生什么样的制度。一个好的制度可以让一个平庸的人变得优秀，一个差劲的制度可以让一个优秀的人变得平庸。可以这样说，制度是团队的共同行为规范，不可以轻易越线；制度是企业的筋骨，漠视制度就会“伤筋动骨”。

作为企业管理者，在打造令人笃信的企业文化的过程中，需要建立行之有效的管理制度。理由很简单，一个制度缺位的团队就像是一盘散沙，你怎么能抓得住、握得牢？反倒是你握得越紧，流失得越快。企业有了制度做框架，便可以将“沙子”装在其中。

U公司是一家创业型企业，一年的时间里，员工人数从10多人增加到30多人。由于人数的增加，公司便又租了一套房子用来办公。

眼看着公司的规模日益壮大，员工的薪水越来越高，管理越来越规范，不少员工反而不开心了。原来，在团队只有几个人的时候，大家亲如一家，完全不分彼此，关系非常融洽，沟通特别顺畅。但是，现在人多了，大家反而觉得这个团队不像当初那样单纯了，相互之间也开始出现一些磕碰。

这个时候，老板向大家提出了一个要求——不论用人，还是做事，一定要有亲和力。这个办法果然好使。有时设计师问运营：“想要设计什么风格的？”实在想不出，就来一句“要有亲和力的”。财务部门需要招人，问老板需要具备什么条件的，老板会来一句：“招有亲和力的。”

一时间，保持亲和力成为公司的一种文化。当公司上下都是遵循“保持亲和力”这个原则与标准去做事的时候，团队的统一性越来越强，内部的活力再一次被激发出来，所有人的沟通效率都得到了提升，相互间的协作更高效。

U公司在发展壮大的过程中，非常注重用“两条腿走路”，即在不断完善制度的同时，也在不断升级、改造自己的企业文化，使它更有助于团队绩效的提升，并增加员工的归宿感。其中，“亲和力”这一非常普通的词，被公司打造成了一种人人都认可的企业文化。

可以说，软文化与硬制度，相当于企业的两肋。柔软的文化，是提升员工忠诚度，增加员工归宿感的终极武器；坚如磐石的制度，可以有效约束员工的不良态度和行为。只有将软文化与硬制度有效结合起来，相互渗透，相互促进，软硬兼施，刚柔并济，才能形成独特的企业内涵，将企业治理到极致。

制度赋能，促文化精准落地

不论是制度建设，还是文化打造，终极目标只有一个，那就是让它们高效落地。这也是让文化赋能的难点。毕竟，制定一些条条框框，或是讲一些约定俗成的行为准则和价值判断标准并非难事，难的是如何执行，执行了能不能产生预期的效果。

你说我的制度很完美，我的文化也牛得不得了，但都如空中楼阁，就是落不了地，或是落了地也是一地鸡毛，那还是等于零，甚至比没有更可怕。

一般来说，企业文化在落地的过程中，会面临如下几个方面的问题。

首先，思想管理不到位。例如，在公司高层的季度会议上，老板特别强调："我们要把下个月作为感恩回馈月，切实做好客户服务工作，充分体现我们公司的企业文化。"但是，他讲的这些话，只有企业高层知晓，没有在全公司宣传。因此，要让一种文化落地，首先思想管理一定要到位，不能打无准备之仗。

其次，缺少相关配套机制和制度维护。有些管理者认为，公司发展到现在，已有的文化理念体系已经相当成熟了，甚至大家都能背下来了，但是如何落地，却拿不出具体的措施，这就是没有可操作性。所以说，针对每一种企业文化，都要制订详细、可行、高效的实施方案，并根据形势发展，不断做出修正直至完善。

最后，空喊口号，言行不一。如今很多企业的文化还处在做宣传和开展活动组织上，离落地还有十万八千里。真正能影响员工日常工作行为的，依然是各种硬性的规章制度。即大家更在乎制度与考核机制，而不关心企业文化。在他们看来，搞企业文化就是喊喊口号，做做样子，和自己没有什么关系。

另外，文化和业务脱钩的现象也比较常见。为什么一定要让文化落地？目的是在于帮助员工提高工作效率，提升团队的内聚力，从而更快地达成企业的目标。短期来说，是为战术服务，长期来说，是为企业愿景服务。

在实际经营管理中，如何让企业文化快速、精准落地呢？

1. 将文化理念融入员工内心

企业可以通过听、说、读、写等方式不断重复，将企业文化理念融入员工内心。文化的渗透在于重复重复再重复。因此，要不断地、持续地让员工去读、背企业文化。比如可通过书、CD 和文化墙向员工展现企业文化，让员工每时每刻看到。

除此之外，公司还可以组织一些活动，借以向员工传递企业文化，提高员工思想认识。活动的举办要以文化为主题，将文化元素贯穿其中，以加深员工对企业文化的理解。

开展活动的根本目的，是让全员接受企业文化的熏陶，进而提升团队的凝聚力，增进同事之间的互助互信，并让大家感受集体的温暖和智慧，珍惜在一起工作的机会。

2. 让文化理念外化于日常工作

例如，很多企业都会提出“以客户为中心”的文化理念，让员工“把客户当上帝”，面向客户提供优质服务。但是，还是有不少客户会给予差评：服务不到位，能力有待提升。

这说明员工对“以客户为中心”这一企业文化认识不够，不能充分理解在本职工作中怎么做才算“以客户为中心”，所以只能跟着感觉走，或者硬性地执行相应的制度。这样一来，员工就很难体现出企业的文化理念，更谈不上客户服务的优化和升级了。

3. 文化理念要与制度保持一致

如果文化理念与制度相冲突，那么文化落地就会成为空谈。例如，有一家企业倡导“开放共享”的文化理念，但是这一理念却与公司现行的评价制度不一致。开放共享，要求同事之间开放合作，在外部合作中，能够适当让渡利益，以求长远合作。但是，公司内部却实行严格的末位淘汰制，如果一个员工连续两个月业绩排名倒数第一，那么将会被转岗或者开除。

如此一来，员工出于对自身利益的考虑，可能会减少与其他员工的合作、共享，甚至会暗中给他人使绊子。在与外部的伙伴合作时，也可能会为了当下的业绩，而做一些有损于伙伴利益的事情。

为了避免出现这种状况，就一定要让文化理念与考核方向保持一致，从而让员工在注重业绩的同时，能够表现出良好的职业操守。

这里，还需特别说明的一点是，在企业文化落地实践中，一定要做好相关的制度保障工作，以使中高层更好地扮演企业文化推动者的角色，让基层做好企业文化氛围的营造者，从上到下，层层推进，将企业文化所代表的价值观和行为理念切实贯彻在行为方式中。

倡导“生人文化”，增强规则意识

在我们的文化观念中，会天然地将身边接触到的人划分为两类：一类叫“生人”，一类叫“熟人”。与“生人”共事时，我们往往喜欢讲规矩，讲利益，讲道理，而与“熟人”交往时，我们更习惯讲感情，讲义气。在日常生活中，我们不能说这两种处事方式孰优孰劣，但是在企业文化建设与管理中，讲规则一定要好过讲感情。

很多企业领导者都有过这样的纠结心理，既害怕下属疏远自己，又担心与下属走得太近。下属见了自己绕着走，感觉很不爽，下属不分场合见了自己喊“大哥”“老兄”，感觉更不爽。通常在一个“熟人”文化盛行的公司里，大家的规则意识普遍比较淡薄，甚至一些规章制度会形同虚设。

为什么？

因为当你和下属只讲感情，只讲义气时，就算下属犯了错，你也不方便拿规则来说事，这种情况下，你通常会选择睁一只眼闭一只眼。毫无疑问，这种行为在某种程度上会纵容下属犯更大的错，甚至会使其滋生“耍特权”的思想。

要知道，企业管理中人情和执行力是成反比的，一个管理者越是讲感情，其执行力越差；执行力越差的人，越习惯讲感情。当规则遇上人情的时候，受伤的如果是规则，再好的战略也发挥不出作用。

赵先生是一家教育培训机构的老板。在公司刚成立时，为了规范运营，他定下了许多规矩。比如，迟到早退一次罚多少钱，制定了详细的绩效考核标准，等等。但在实行的过程中，这些规则几乎毫无用处。这是因为，公司刚起步时，不能为员工提供有竞争力的薪水，员工稍有不满，就以辞职来“威胁”。有一位员工因为路上堵车，迟到了 4 次，被公司罚了 200 元。领完工资的当天，这位员工就拍屁股走人了。老板问：“你有什么好的意见或建议，咱们可以坐下来好好聊聊。”对方只回了一句：“没什么好聊的。”

有令行不通，这让老板非常纠结。后来他改变了做法，不再严格执行一些规章制度，实行更“人性化”的管理方式，有事没事就请员工吃饭喝酒，美其名曰：“增进员工间的了解，营造家一样的工作氛围。”如此一来，氛围是有了，但干活的人少了，“兄弟”多了，拍马屁的人多了。

每天一开门，眼看着房租、人工、水电等各种费用哗哗地往外流，却不见收入增长，他终于绷不住了。于是，板着脸给大家开了一个会，讲了一大堆公司面对的难处，最后来了一句：“从明天开始，公司实行严格的绩效考核制度，希望大家共同遵守。”

结果第二天，就有好几个人递交了辞职书，理由可谓是五花八门。私下里，大家都说：“老板真是套路多，是一个伪君子。”

于是，赵先生又开始了招聘工作。

在这个案例中，一些员工为什么会认为“老板是个伪君子”呢？因为公司的“熟人文化”让他们淡化了规则意识。从老板的角度看，他与下属打成一片，本是为了活跃氛围，实则是不拿制度当回事。如此一来，团队的管理便处于失控状态。优秀的企业领导者，在工作中不会犯赵先生这样的错误。

由此可见，企业文化对管理工作有着非常重要的影响。这不是说不能倡导“熟人文化”，而是许多时候，“生人文化”有助于增强大家的规则意识。道理很简单，受“生人文化”的影响，员工间会更多地保持一种工作关系，公司与客户间会保持契约合同关系，大家都公事公办，依照制度该怎么来就怎么来，规规矩矩做事。

一般来说，“生人文化”有助于提升如下三种规则意识。

1. 流程和程序意识

流程是组织共同完成一组活动的次序和要求，程序是一个岗位完成某一活动的步骤和标准。二者虽然定义不同，但都对员工如何做好本职工作作出了具体规定，相对而言，流程的概念更为宽泛，而程序多指某一个具体活动。

2. 岗位责任意识

岗位是根据企业各类工作流程的需要，对员工做出的专业化的工作内容的设计，让员工清楚自己该做什么，如何做，以及如何与其他员工配合。

3. 规章制度意识

规章制度是为了提醒、强调、推动、指引员工做正确的事的一系列方法和策略，包括正向的激励，也包括负向的处置，其目的是推动员工遵从已经规范好了的流程和程序。

建立“生人文化”的首要着力点，就是让员工认同企业的这些流程、程序、岗位、制度，即提升他们的规则意识，进而使其养成一种习惯——做任何事都须先思考规则，然后按规则要求执行，没有制定规则或规则不清楚时，要向上级请示，或是先按经验操作，事后进行总结汇报。一旦大家都养成这样的思考与做事习惯，企业的业绩不提升都难。

所以，不论是老板、总经理，还是部门经理，要想打造一支高效能团队，都要适当抛弃“熟人文化”，建立“生人文化”，不给那些投机取巧的、要小聪明的人留有空间，这样一来制度的执行当然就顺畅多了。

很多企业之所以会遇到发展瓶颈，做不强、做不大，其中一个很重要的原因，就是没有处理好“熟人文化”与“生人文化”之间的关系。一味地注重“熟人文化”，大家讲感情，讲哥们儿义气，这也没问题，那也没关系，最后很可能就要面对企业关门大吉。

经典案例：美团——多一些务实，少一些“套路”

美团是一家知名的互联网公司。作为中国领先的生活服务线上交易平台，美团旗下的业务范围主要包括大众点评、美团外卖、共享单车、酒店旅游、电影、休闲娱乐等。美团为消费者推荐多种优质且物超所值的本地生活服务，同时致力于帮助消费者发现好玩、新鲜的生活方式。

但鲜为人知的是，美团在互联网圈有一个非常有趣的花名，叫“开水团”，这个名字是怎么来的呢？有人戏称：“公司除了白开水，没有其他任何福利。”也有人说：“这个公司很抠门。”还有人说：“公司给的工资不高，还经常加班。”

其实不然。这个花名的由来与创始人王兴低调、朴实、节俭的作风不无关系。近距离接触过王兴的美团工作人员都知道，王兴并没有自己的办公室，他和员工一起的工位，始终保持着公司初创时的模样。王兴刚创业时，和公司员工在一起办公，如今公司已经上市，有了相当的规模，但在美团总部，王兴仍然与员工在一起办公，没有独立的办公室。

除此之外，王兴非常注重平实朴素的文化思想，在日常接待贵宾时，也是从公司的开水机里打点白开水来招待，连用矿泉水都觉着浪费。在当今互联网公司里流行的给员工提供非常舒适的办公福利的背景下，确实有些格格不入，甚至为公司程序员们所诟病。但这也从另外一个角度反映了企业注重实际，不讲排场的文化特点。

王兴不喜欢一些套路的东西，他的这种“白开水”般的低调、务实作风，深深地影响到了美团的企业文化建设，甚至颠覆了人们对美团固有的认知。特别在是以下三个方面，最能体现美团的这种企业文化。

1. 注重成本控制

美团是一家特别注重线下，且运营成本非常高的互联网公司。在行业竞争异常激烈，特别是曾经的“千团大战”“外卖大战”期间，公司付出了非常大的营销成本，这对当时还没有上市的美团而言，是需要有极大勇气的。之后，公司进行了严格的成本控制，在美团看来，要在这个竞争激烈的行业生存，成本就是命脉。

2. 奉行节俭的原则

美团管理层的管理理念相对朴素和简约，美团自上而下均奉行节约的原则，即使是公司的高管，出差期间也不能搞特殊，要住与普通员工一样的标准间。对一家具有如此大规模的公司来说，能做到这一点，实属不易。

3. 学习借鉴优秀文化

在企业管理方面，美团比较崇尚亚马逊的理念。众所周知，亚马逊是一家比较节俭的公司。在学习的过程中，美团自然也就把这种节俭文化融入了企业。

正是美团这种自上而下的艰苦朴素、勤俭节约的做事风格，使其在惨烈的市场竞争中不断发展壮大，甚至成为互联网世界的一股清流。

其实，美团一直致力于提升服务品质，为员工提供有竞争力的薪酬，鼓励多劳多得，薪水上不封顶，同时提供完善的培训体系。与此同时，舍弃了一些华而不实的福利，故而被戏称为“开水团”。如果说，一定要给美团贴上一个标签，“创业”似乎更合适。这是因为，许多从美团出去的人，都会选择创业——美团从0到1的精神，与从1到100的耐心，会为他们注入不竭的动力。

第3章

深耕品牌文化，打造超级IP

这是一个人人都离不开IP的时代，越来越多的商业组织、机构、个人、品牌、亚文化都将是IP化方式生存，而超级IP将会成为连接多个领域、行业的“货币”，它的内在价值巨大，甚至会超越品牌本身。

品牌是价值，更是传播力

品牌是一种信任，也是一种保障，更是一种门面。就像微信钱包，你信任它，才会往里面存钱，你放在里面的钱丢了，它会进行赔付，这就是保障，一提到微信钱包，就是各种放心，这就是信任。如果说，有一天微信钱包出问题了，你认为它造成的社会影响力大不大呢？说白了，这就是品牌的影响力。

特别是在如今的生意场上，品牌早已不只是商标，或者是 Logo，而是传播力，是影响力。所以，只有善于深耕品牌文化，打造出超级 IP，才能够让更多人记住，在流量的争夺战中胜出。

周先生做电商多年，一直想入驻天猫店。他的运营能力没得说，经营的品类也在天猫店招商范围内，但是他尝试了几次，都被拒绝了，理由是：品牌影响力不够！他很是不理解，但也没有办法，只好继续做淘宝。

有人劝他，现在做天猫店很难赚钱了，而且转让天猫店的商家越来越多。周先生说："我入驻天猫店，不是为了赚钱，是想提升自己的产品品牌影响力，让产品有更大的溢价能力，而不是像现在这样只能靠走量盈利。"

其实，周先生的想法也是很多商家的想法。在把销量做起来后，再考虑提升产品或企业的品牌影响力。毕竟，有了品牌影响力，可以摆脱在低端市场的竞争，同时产品也有了更强的溢价空间。

对多数企业来说，如果其品牌欠缺一定的知名度，那么企业往往会进行品牌营销。当然了，一提到“营销”这个词，好多人会自然而然地想到广告、新媒体，其实品牌营销也是企业开拓市场的一种战略行为。因此，从这个意义上说，品牌营销也是企业文化营销。

花西子是近些年炙手可热的国产彩妆品牌之一。其通过音乐这个独特的营销形式提升了品牌的影响力。

2020 年 6 月 29 日 0 点，一首名为《花西子》的歌曲在 QQ 音乐隆重上线。这首歌的歌词描述的大意是：在西湖之畔，一位名叫“花西子”的女子，不仅懂药理，医术高明，而且精通琴棋书画。因为她非常爱美，故在闲暇之余会泛舟西湖，采荷花搭配草药，制成胭脂水粉。

歌曲由知名歌手周深演唱、方文山填词、杜鹃出镜……强大的明星阵容，让这场音乐营销吸引了无数眼球。在谈到此次品牌营销时，花西子的品牌负责人说：“花西子是一个品牌，同时也是一首歌，而歌曲可以流传很多年甚至 100 年。”

对花西子来说，这次品牌营销的初衷是让越来越多的年轻人参与到东方音乐的传承中来，并加深对花西子品牌的认知。据有关方面统计，歌曲《花西子》在刚发布的几天内，就有超过 80 万次的点击量，并成为了 QQ 音乐巅峰人气榜周榜冠军。

对于用户来说，或许他们没有意识到这首歌曲背后的商业属性，但是，当他们了解了其背后的故事后，会对这个品牌产生新的认知。

除了像花西子这样通过音乐手段营销来提升品牌影响力之外，还有哪些方法呢？下面来介绍三种高阶方法。

1. 卖产品，也要卖价值观

同样是卖产品，有人卖性价比，有人卖功能，有人卖人气，不管大家各自的卖点是什么，追根究底都是为了赚钱。其实，高明的商家除了卖这些，还会卖价值观，卖价值观不但能赚钱，还能赚关注度，赚影响力。在这方面最典型的例子当数星巴克了。

有一次，星巴克上架了3000只杯子，眨眼的工夫被抢完。杯子很普通，是双层玻璃的，杯身为粉红色，上面印着几个樱花爪印。为什么这个猫爪杯会火？主要是因为星巴克是在运用“多巴胺”吸引用户，猫爪杯将粉色与猫两种精神产物融合到一起后，会使元气粉色少女们自然而然地产生一种美妙的心理，这样一来，腰包里的钱自然就掏出去了。

因此，高明的品牌营销从来就不是在单一地售卖产品，更多的是在售卖自己的价值观，售卖标签——将任何一个产品与美好事物挂钩，从而使顾客形成一种幻觉，仿佛获得了该产品后就可以拥有某种美妙的心理一样。

2. 借助网络名人背书

背书的背后意义是担保、保证。由于人类心智天生缺乏安全感，消费者通常是犹疑不定的，倾向于怀疑品牌的自我宣传。而“背书”是建立品牌安全的担保，同时也可以让品牌在短时间内进入市场，并获得较高的市场认可度。

近几年，越来越多的企业开始借助网红、短视频等手段进行品牌宣传与推广。这里所说的网红，不是我们传统观念中的明星，而是一段时间内在某一领域有一定影响力的网络名人，比如一些知名的网络主播，或是一些才艺达人，在网络世界他们有很高的人气。

3. 善于造势，引爆行业热点

在营销行业有句话，叫“三流企业做事，二流企业做市，一流企业做势”。造势的本意是，某人或物主动运动，以造成一种有利于实现目标的状态。在营销中，造势可以理解为“热点炒作”，即利用人们的好奇心，制造或是借助一些热门事件，来提升人们对品牌的关注度。

在奔驰全球总裁迪特·蔡澈（Dieter Zetsche）宣布退休之际，宝马趁势发布了一条“祝贺奔驰总裁退休”的广告。广告内容的开始是迪特·蔡澈和众人煽情告别、离开奔驰大楼的画面，结尾却来了一个大反转——迪特·蔡澈坐着奔驰车回家，然后从车库里开出了一辆鲜艳的宝马跑车……

当然，这波操作过后，宝马没忘记向迪特·蔡澈致敬：“感谢您，迪特·蔡澈先生，为这么多年来我们鼓舞人心的竞争。”奔驰也不甘示弱，转发宝马的微博，并将文案前后句互换，改为“宝马相伴，奔驰一生”！

当然，消费者也愿意看到这种品牌互怼。一方面，这种“逢场作戏”般的营销方式如果把握准了度，便显得幽默而得体，对于消费者来说，这也算是一种有趣的表演，可以满足他们的好奇心。另一方面，对于一些知名品牌而言，他们早已意识到，双方不只是竞争对手，也是“命运共同体”。这就像麦当劳与汉堡王、可口可乐与百事可乐，它们之间的对决，不仅能够提升更多的关注度，也激发了竞争双方的创意推广，从而达到了共同宣传的效果。

品牌就是影响力，品牌就是生命，只有当你的品牌真正深入用户的内心时，品牌的价值才会被挖掘，企业才能基业长青。

接地气的品牌文案更有销售力

我们平时习惯用是否能让人尖叫来形容一则广告的成功与否，这是因为在我们的潜意识中，一则广告如果能够惊到我们的话，那说明它既抓眼球，又走心。当然了，要想让自己的品牌能给人“哇”的感觉，文案必须亮眼，不能落入俗套。

过去，一提到苹果公司的文案，大家的直观印象是：“哇，科技感十足。”“看上去很高大上。”

但是，iPhone SE 发售时，其文案却不同于以往的风格，显得更加接地气。如今，不只是苹果，许多品牌的文案都在变化——变得更接地气，更懂得迎合年轻人的语境。

“接地气”的品牌文案缘何更能得到大家的认可？

这是因为在互联网发展初期，品牌营销讲究高大上，而如今随着社交媒体的兴起，品牌营销需要贴合年轻人的用词习惯。除此之外，接地气的文案也易于传播。这就如同一个人用能与对方产生情感共鸣的语言和他交流，自然会更容易让人接受。

这也就很好地解释了为什么在受众审美要求不断提升的今天，反倒是一些土味十足的广告能够深入人心，甚至席卷社交网络。

那么，如何写出接地气的品牌文案呢？

1. 替用户讲出他们心中的诉求

写品牌文案不能自嗨，要学会站在用户的角度，引发受众的共鸣。如何才能做到这一点呢？很简单，替他们说出内心的诉求。这种诉求可以包括来自工作和生活中的委屈、愤怒、焦虑等情绪。

例如，“江小白”的品牌文案就很好地做到了这一点。在你孤独失意时，“江小白”写道：“一个人喝酒不是孤独，喝了酒想一个人较孤独。”当你情感受到伤害时，“江小白”这样写道：“早知今日，思念如潮涌般袭来；何必当初，我假装潇洒离开。”在你即将毕业时，“江小白”写道：“青春不是一段时光，而是那一群人。”

可以说，“江小白”的方案句句走心，十分接地气，直接讲出了当下许多年轻人想说的心里话。

2. 从生活中寻找创意

艺术家之所以能成为艺术家，根本原因在于他能够认识到真实，而且把真实放到正确的形式里，从而打动我们的心。写品牌文案也是如此，要想打动人，就得真实。那真实从哪里来？一定是从生活中来。

2020 年，快手联合“民谣在路上”合作举办了系列“烟火有声云音乐节”，邀请了 40 多组民谣人在线直播，让更多人在快手上听见人间烟火，并发布了一组海报为活动宣传预热，配的文案有：“我们村里的人嘴笨，所以我唱的比说的好听。”“柴米油盐不仅能调出味道，也能调出有味道的调调。”“家乡话土吗？可他们都说这歌好听。”……

这些文案没有华丽的辞藻，不论是看上去，还是读出来，都非常接地气。简单质朴的文案语言，再加上创意感十足的画面，非但不会让人觉得土气，反而显得很高雅，且透着浓郁的艺术气息。

3. 学会巧妙地“钩”住用户

许多时候我们买一件商品，往往买的不只是物品，而是这个物品所承载的理念。也就是说，只要品牌能够打动我们，我们就愿意为它买单。所以，好的品牌文案一定会把产品和用户联系起来。

例如，针对不同的消费群体，可以从他们感兴趣的话题切入。年轻人关注的话题总是离不开游戏、美食、购物等，家长更加关注孩子的升学和营养健康问题……

有道词典笔就在这方面做得非常专业，它懂得抓住家长的痛点进行营销，比如，有道文案这样写道："家长辅导病之偏头痛。""家长辅导病之高血压。""家长辅导病之心脏病。"

所以，在写文案时，我们可以先想想，这件产品和用户之间的相关性是什么？很多品牌文案写得不如地摊文案，根本原因在于，没有真正抓住用户的心理。

4. 从哲学思想中寻找灵感

文案讲究的是洞察，而哲学家本身就是在洞察世界、发现世界的真谛。所以，我们在读一些哲学家的名言警句时，要多想一想，他们对生活、人性的洞察。这会为我们创作品牌文案提供灵感。因为优秀的文案体现着某种哲学思想。

除此之外，可以在写品牌文案时，适当融入一些故事情节，如创始人的个人经历，或是品牌的来历等，以凸显品牌文化。还可以借助社会热点事件、热门话题等去撰写实时文案。不论采用哪种方法，在写品牌文案时一定要向用户的兴趣爱好靠拢，一定要接地气，这样更易于传播。

IP 跨界营销的标准“姿势”

跨界，简单来说，就是从一个行业跨到另一个行业。特别是在进入互联网经济时代后，“跨界之风”大有愈刮愈烈之势，各个独立的行业主体，不断相互融合、渗透，创造出很多新的经济元素，上演着一幕幕跨界大戏。

在万物皆可联的今天，IP 的商业化需要借助渠道、产品、内容、品牌整合营销才能发挥效能，而现象级的 IP 营销大多为跨界合作的产物。IP 跨界的最大好处，就是可以让原本毫不相干的元素，通过相互渗透，相互融合，进而为品牌营造一种立体感和新鲜感。

有时，我们受多巴胺的支配，经常会不由自主地去追求刺激的场景体验。某种刺激释放出的多巴胺越多，刺激的感觉也就越强烈。心理学家将这类行为称作“追求震撼”。

2019 年上半年，优衣库与 KAWS 的跨界合作，算得上是一个疯狂的贩卖多巴胺案例。虽然优衣库打出了这样的告示：

“每人限购两件。”

“最后一次联名。”

不到一百元的衣服硬生生地被炒至几百元，即便如此，不少人还是因为没能抢到一件 T 恤而感到愤愤不平。优衣库的这波操作，着实赚足了大家的眼球，可谓名利双收。

这里要说的是，能够促使消费者疯狂的多巴胺达到某一“阈值”的媒介，正是IP。在这个案例中，优衣库通过IP跨界，实现了品牌的低成本、跨平台传播。而且，还引爆了市场话题，实现了流量的迁移。

如今，越来越多的品牌放弃单一的IP营销，开始追求IP跨界，相关的案例俯拾皆是，但是，也有一些品牌“自嗨”过后“一地鸡毛”。出现这样的结果是因为一味地跟风、炒作，跨界的“姿势”不对所致。那要想玩好IP跨界，应该保持怎样的“姿势”呢？

1. IP形象要契合品牌形象

如果品牌形象与IP形象达到高度契合，那么它的不可复制性就很强。一般情况下，品牌方是比较喜欢进行这样的IP跨界的，毕竟操作起来也很简单，只要做到使IP价值与品牌进行交融即可。在这方面，比较经典的案例是，ofo小黄车与小黄人的跨界合作。

在大多数人看来，二者之间有一个天然的共性，那就是“黄”色。在前几年的共享单车颜色大战中，ofo小黄车早已将“黄色”这一品牌色调深深烙在了用户的心中，联合以“黄”著称的小黄人，着实让人有种莫名的喜感。除此之外，二者的名称也比较匹配，一个叫“小黄车”，一个叫“小黄人”，仅有一字之差，读起来很上口，易于用户的自发传播。当然了，ofo小黄车也紧紧抓住这两点匹配基因，将小黄人的呆萌形象引入新一代ofo小黄车的产品设计中。

根据小黄人的形象推出“ofo大眼车”这一形象，当小黄人呆萌、撩人的一双大眼睛出现在车把前时，别有一番趣味。与此同时，在传播过程中，还辅以“小黄人造小黄车”等趣萌的故事，使这种跨界一时间成为人们的美谈。

2. 搭建渠道，配合品牌桥接

在现实中，天然绝佳型 IP 跨界并不多见，更多时候需要品牌采取一些讨巧的方式。例如，通过场景化转移，搭建衔接桥梁实现 IP 赋能就是其中的一种。飞猪是阿里巴巴旗下的一个品牌，它与网易动漫旗下的国漫 IP 的合作就属于此类。光看外在，二者之间似乎没有相似的地方，也无任何契合度，但是，“二次元同款路线”这一场景巧妙地将它们桥接到了一起。

针对飞猪推出的二次元同款路线日本游，《赤铁之心》《控妹狂战记》《嗜谎之神》等多部漫画人物出面代言，而且还有同人海报、漫画番外篇，以及看漫画找彩蛋等多重互动等,从而让用户体验了一次特别的二次元美食之旅。

同时，飞猪也出现在了二次元的 IP 世界中，漫画家以笔下的《赤铁之心》《控妹狂战记》《杀手古德》IP 为代表，结合飞猪的形象，为此次日本二次元美食之旅特别定制漫画番外篇。除此之外，飞猪与一些美食元素还出现在了其他漫画作品中，用户在阅读漫画时能够找到它们，并且可以同网易漫画官方微博进行互动。

飞猪品牌通过这次 IP 跨界，迅速拉近了与年轻用户群体的情感联系。

3. 联合电商，解锁新式玩法

近几年，“带货”已成为一个高频词。加之受新冠肺炎疫情的影响，刺激很多企业通过网格直播来销售产品，同时很多网红、明星都开始直播带货。除此之外，还有一些时尚节目也开始“带货”。

《口红王子》第二季作为一档时尚类综艺节目，创新性地采用了“单期爆款合作伙伴”模式，在每期节目中，会引入单个或多个不同品类的品牌，以明星同款或明星推荐的方式来刺激用户的消费欲望。如此一来，节目实现了综艺内容与电商平台的跨界合作，合作品牌在进行节目内容播出之余，还可通过节目 IP 在电商平台中的薇娅直播间进行“坑位”推荐。

IP 跨界营销追求的是“1+1>2”的效果，跨界的幅度越大，越能迸发出新的色彩。在 IP 跨界发展过程中，很多企业都收获了流量与口碑，宣传了品牌文化，提升了品牌影响力，同时，也摸索出了一条新的发展之路，可谓一举多得。

要“FUN”营销，不要硬营销

在当下这个泛娱乐时代，随着 IP 营销的趋势越来越火，屁股决定脑袋的“硬营销”也越来越多，而且大有泛滥之势。那何为 IP 硬营销？这里说的硬营销，是指不合时宜的营销，即在错误的时间、错误的场合做得让人反感的营销。最典型的例子就是，一家人正在聚精会神地看电视剧，屏幕突然蹦出一条广告来，像这样的营销方式就是“硬营销”。

在影视剧中，常见的硬营销还有这么几类：

一是简单粗暴型，这种类型比较容易理解，就是没有来由地说上那么几句话，直截了当；

二是生搬硬套型，就是强行加入各种话术，违背 IP 初衷，为了营销而营销，比如被众多粉丝诟病的“深夜泡面”；

三是牵强附会型，即刻意迎合，抢戏，加戏，破坏 IP 节奏，或是强行展示各种品牌。

影视剧在播放过程中植入品牌广告，这样做可以理解，如果企业用类似的方式进行品牌推广，那毁掉的不只是 IP，还有品牌，而且 IP 越大，品牌受到的负面影响也就越大。

其实，解决“硬营销”的方法也不难，关键是要为品牌找准定位，让它和 IP 能自然地结合，更好地和粉丝联动，引发粉丝效应。这种方法就是“FUN”

营销。

那什么是FUN营销？所谓FUN营销，是指利用互联网，以互动娱乐的元素或形式，以情感共鸣为核心线索，借助IP化包装手段，以引发粉丝效应为目标，高效传递营销信息的营销方法。

简单来说，FUN营销根据IP自身的属性和特点，为每一个品牌量身定制特有的玩法，既可以体现品牌的特点和精神内核，又摒弃了违和感，这一点正好与“硬营销”相反。

当然了，在营销实践中，FUN营销的手法也是多种多样的。如宝马1系与王者荣耀的合作。二者的合作一反汽车“硬植入”常态，而是借助皮肤定制的方式，在游戏中推出限定版纪念皮肤——赵云•引擎之心。皮肤拥有特效，即回城宝马Logo，还有属于自己的背景故事。一经推出不仅受到粉丝的热捧，也为汽车与游戏的跨界合作树立了行业的新标杆。

再如，滴滴快车和变形金刚OL基于“车”这一共同属性一起玩。在滴滴快车的语音播报中，植入了动漫人物擎天柱的声音，让乘客出行极具未来感和科技感；《变形金刚OL》游戏礼包也可以通过打开滴滴快车来获取。游戏还与滴滴快车推出变形金刚专享骑士车队接驾活动，让乘客收获来自赛博坦的惊喜。

总的来说，FUN营销就是基于互联网泛娱乐化的背景下，以情感共鸣为核心，通过互动娱乐的形式，借助IP化包装效果，使营销内容打动用户，实现引发粉丝效应。

1. 情感积累

情感积累是FUN营销的前提，是消费者经过持续的精神物质投入而对事物产生情感联系。

2. IP化包装

IP化包装是FUN营销的措施，IP是包含了用户情感喜好的虚拟或真实的符号。经过 IP 包装，可以使消费者与产品产生情感连接。

3. 粉丝效应

粉丝效应是 FUN 营销的效果，可以理解为消费者在情感喜好基础上对 IP 更多的物质精神投入。

现在，越来越多的品牌不仅仅关注自身的商业价值，同时更加重视自身的品牌价值。FUN 营销可以很好地实现品牌与电竞之间交融与跨界，让品牌的文化价值得到更加充分的挖掘。

好故事成就一个好品牌

男女生之间表达爱慕之情的时候，通常都会送“意中人”一盒德芙巧克力。很多人不理解：为什么要送德芙巧克力，而不是其他品牌的呢？因为德芙的英文名称是 Dove，像不像 Do you love me 的简写？正因为这样，你收到谁的德芙巧克力，就知道谁在爱慕你。

这就是品牌故事。

精彩的品牌故事，能够让人久久不忘，而且能够流传很广。当然了，既然是故事，就不能只让它存在企业文化手册中，而要流传于大众的口头。

在信息大爆炸的今天，每个人的时间似乎都不够用，这时候左脑会理性地选择屏蔽广告，给自己节省更多自由时间。而右脑是“情绪脑”，人们会不自觉地被故事打动，而且喜欢关注一些八卦、趣闻、有意思的事。所以故事化沟通是传递信息最有利的方式。

然而，并不是所有品牌故事都能流传起来，要让一个品牌故事流传起来，必须掌握如下几点。

1. 理解品牌核心价值观

在通过讲故事来打造品牌 IP 时，故事内容一定要与品牌理念相契合，这样，消费者在倾听故事的过程中，更能感受到故事的细节，以及企业要表达的核心理念。

褚时健是曾经的“中国烟草大王”，他亲自打造了中国烟草业的第一品牌——红塔山。但是，后来他锒铛入狱，人生跌入谷底。出狱后的褚时健与妻子承包荒山，75岁重新创业，将普通橙子打造成为“励志橙”，使“褚橙”成为了他的个人IP。

“褚橙”背后的品牌核心价值观可以用两个字来概括，即“励志”。这是“褚橙”区别普通橙子的核心因素，它体现的是褚时健的人生经历，以及他不服输的精神。因为这个故事前后有着巨大的反差，具有很强励志性，所以听过之后，会让人记忆深刻。

2. 给故事一些传奇色彩

要让你的故事非同一般，又在情理之中，那可以适当为它赋予一些神奇的色彩。很多武侠小说大家都喜欢看，就是里面的主角经历非常神奇，偶然获得神功，然后行侠仗义，读者不仅获得情感共鸣，更感到引人入胜。

例如，关于可口可乐神秘配方的故事就具备这个特点。据说，可口可乐的配方是锁在银行保险库里的，钥匙由两个人分别保管，只有两个人同时在场，才能打开保险库门，并且两个人不可以坐同一架飞机，为的是防止意外发生。这一神奇配方，让可口可乐如同魔水一般，卖到了全球两百多个国家，并且风靡一百多年，席卷世界财富。

3. 品牌故事要通俗简单

好的品牌故事，一定是简短、通俗易懂的，往往用一句话就可以讲完，当然，也可以用一句话来延伸。例如，我们经常在电视上听到的“小罐茶”的故事，讲述的是八位制茶大师通过手工工艺传承，让普通人喝上好茶的过程。

只要是故事，就具备三大元素，即情节、情绪、情感。故事诞生于冲突之中，没有冲突就没有故事。故事创作的第一步，就是先寻找冲突点，通过痛点的发掘，找寻出具有传播力的冲突点；第二步将其放大，增添真实情节，让故事有事实作为依据，提高可靠性，利于大众传播和分享。

4. 把控传播渠道与节奏

一则故事要得到较广的流传，一是离不开传播渠道，二是离不开对传播节奏的把控。一般的宣传逻辑是：发掘品牌价值观—寻找冲突点—语句浓缩—植入真实情节—梳理成故事—提供传播渠道—把握传播节奏。经过这样一系列环节，最终进入消费者的内心，在消费者感受故事情节的过程中，潜移默化地完成品牌信息在消费者心里的植入。

具体来讲，传播渠道分为线上和线下两种，线上包括媒介渠道、媒体渠道、新媒体渠道几类；线下包括门店设计、产品包装、促销信息等路径。传播节奏的把控，即要求市场人员将这些渠道优化利用起来，完成品牌故事的传播任务。

5. 品牌故事附着产品

品牌故事非空中楼阁，它必须附着在具体的产品上，通过产品包装、产品细节、产品卖点、产品口碑等环节的塑造，提升品牌故事的感知度。例如，在泰坦尼克号沉没几十年后，人们在打捞它的时候，从海底深处找到一个 LV 箱子，打开箱子，里面的衣服居然还是干的。这个说明什么呢？说明 LV 品质过硬——它在海底沉睡了那么久，竟然没有被海水腐蚀，也没有渗进海水。这就是品牌故事附着力，它就像触发器，触发消费者的购买神经，吊起消费者的胃口，如同病毒一样传播开来，让品牌引爆市场，让消费者产生购买欲望。

演绎品牌故事方式多样，不要拘泥于形式，只要创作出来的品牌故事，真正可感知、可感触、可感动，就是好故事。

品牌可以老，但不能老化

我们经常会说“岁月不饶人”，担心自己在蹉跎岁月中逐渐老去，所以，我们会时常不经意地捏捏自己的皮肤，看看自己的头发，瞅一瞅自己的牙齿，以确保自己的身体机能还没老，或者说“还不算老”。

人会自然变老，但要保持活力，品牌可以老，但一定要防止老化。随着时代的变迁，人们消费观念的变化，以及产品迭代的速度的加快与市场竞争的加剧，“老化”的品牌面临着越来越大的生存危机。所以，如何实现品牌的“年轻化”，已成为当下品牌营销的重要议题之一。

通常，判断一个品牌是否老化，有这么几个简单的标准。

一是看产品的主要消费群体。如果产品适合所有年龄层的人，但是实际使用者普遍年龄偏大，那就要注意了。

二是看销量是否过度依赖营销。如果停止打广告，销量直线下降，那说明消费者购买动机主要源于利益驱动，而非注重品牌，这有可能是品牌老化的问题。

三是看与用户的链接度。如果与用户的互动较少，缺少分享，那用户的品牌忠诚度和认可度都不高，这也是品牌老化带来的一个问题。

四是看核心团队的年龄。特别是，团队的核心领导层，如果年龄偏大，而且缺少创新，那品牌很容易老化。

让品牌年轻化，不等于品牌年轻人化。形象地说，就是让品牌拥有年轻人一样的特质，个性，阳光，积极向上，特别是能使成熟品牌在衰落后实现变革和复兴，犹如一个人返老还童一般。可以说，如今大多数上了“年纪”的品牌，都在作年轻化营销。这样的案例俯拾皆是。

“六神”是个老品牌，旗下有多个系列的产品。从1990年第一瓶六神花露水上市，直到今天，六神花露水一直独占鳌头。即便如此，六神仍然在不断深入挖掘并满足年轻消费者的需求，积极实现品牌的年轻化。

因为花露水历史悠久，在年轻消费者心中，“六神”是一个不折不扣的传统品牌。那么它是如何获得年轻人群的关注和喜爱的呢？

在分析过“90后”“95后”年轻群体的消费需求后，在传统渠道以外，公司决定寻找新的年轻人聚集的平台，并用他们喜欢的方式与其链接。六神是怎么做的呢？

早在2012年，公司就推出《花露水的前世今生》动画片，以风趣幽默的方式讲述花露水的历史，得到了年轻人认可。之后，又相继推出“爱上夏天”“裸夏”宣传视频，使六神品牌不断融入年轻人的生活中。

2015年，六神品牌确立了全新的营销策略——以创新数字营销为主，整合传统媒介内容与线上内容，以实现品牌的年轻化。

2018年，六神推出“六神随行、让夏天更带感”等一系列主题营销活动，同时，还在网络上掀起“带感浪一夏”话题，引起了网友的热议。

2019年夏天，六神又推出了“六神这夏起风了”的一系列主题营销活动，取得了不错的效果。

六神没有将“年轻化”作为一句口号，而是实实在在地让品牌多维度地融入年轻人的生活场景中，使其产生良好的体验，从而再刺激他们对产品产生需求。

每一种品牌都有它的生命周期，使品牌年轻化的根本目的，就是帮助品牌恢复活力、延续青春，让其可以在主力消费群体中持续活跃，不被市场与时代所淘汰。像六神这样的品牌营销，能让传统用户不流失，让主力消费用户不断涌入，才是“年轻化”的根本。

当然了，品牌的年轻化不能一蹴而就，而需要一个由下而上、由内向外的过程。具体来说，就是要做到四个层次的年轻化。

1. 产品定位的年轻化

看一个产品是否年轻，不能只看它的标签。很多企业在搞品牌年轻化时，会习惯地换标签，这种新瓶装老酒的做法，连改良都算不上，只能算是噱头。如此做法，非但不会吸引年轻的用户，很可能会让现有的用户流失。

我们这里所说的“年轻”，并不是特指年龄，而是指一种状态。品牌的年轻化，并不一定非要让产品贴上年轻人喜欢的标识，或是外在包装体现年轻人的元素，而是产品定位要做到年轻，如功能要新，观念要新，传达的理念要新，等等。比如，有个名叫锐步（Reebok）的名牌产品，就曾让 80 岁的“老青年”王德顺为其代言，二者年龄相差足足超过 200 岁，但你能说它老吗？为什么请这位老人家代言？因为他身上体现着一种精神：锲而不舍、锐意进取。这种精神与年龄无关，而是一种心态。这也反映出锐步这个品牌年轻化的理念。在今天，这种理念很受年轻人的欢迎。

2. 内容本身的年轻化

不论是采用哪种方式宣传自己的品牌，都离不开与品牌相关的推文。在泛娱乐化的今天，推文内容的年轻化，在某种意义上说，也就是娱乐化。这也可以用来解释：为什么在互联网上，我们经常会看到一些比较传统，甚至严肃的品牌会有点“不正经”。因为要实现与年轻人的消费习惯连接，即符合他们的阅读习惯与审美情趣。也就是说，今天的品牌年轻化与当代年轻人所追寻的互联网文化有着密切关系，因此，推文内容一定要具备娱乐化。

举个例子：在2020年夏天，有一档非常火的综艺节目，名叫《乘风破浪的姐姐》。该节目一经上线，就受到了广大网友的追捧。在节目中，不论是哪个年龄段的美女，都有着自己独特的气质，而且透着一种不服输的闯劲。看过该节目的很多人觉得，年龄不再是女性事业中的一道坎。

这个节目为什么会火？关键是内容本身的年轻化。它让很多女性消除了年龄焦虑——女性的人生不应该被年龄所设限，大胆地跳出传统观念对女性身份所设定的条条框框，甚至一些男性观众都抗拒不了节目的魅力。

3. 传播渠道的年轻化

如今，通过电视、收音机等传统媒体获取信息的人越来越少，人们更倾向于通过网络来与外部世界互动。也就是说，过去的广告、宣传推广方式在如今这个时代已经显现不出“威力”了。特别是年轻人，他们了解一个品牌，不仅会听品牌方怎么说，还会接受来自第三方的信息，与此同时，还会通过搜索引擎去了解，或是网络论坛、购买评价等渠道了解。这就要求品牌的传播渠道要多样化、年轻化，且线上线下双管齐下方能达到预期的效果。

4. 视觉感观的年轻化

视觉印象是一个非常具象化的东西，如产品包装、页面设计、Logo等都可以带给我们某种直观的感受。也正因为如此，不少品牌会通过不断地更新包装、Logo等来吸引消费者的眼球，达到在不失品牌宣传效果的同时增加用户的视觉体验的目的。

例如，麦当劳就时不时更换自己的Logo。可以说，Logo是这家“洋快餐”连锁餐厅的文化符号。之前，麦当劳在Logo的使用上存在混乱的现象，这影响了品牌宣传。如今，麦当劳的Logo是金拱门，因为它已深入人心。大片亮黄的运用，是基于黄色给人感觉的特性是明亮、积极之感，而红色通常会给人心理带来一种压迫感。如此，整体给人的印象是有动感，更年轻化。

喜新厌旧是人的本性，加上市场、消费者无时无刻都在变化，所以，要让一个品牌的生命周期变得更长，必须不断更新品牌观念，不断创造新鲜感，防止品牌老化，进而打造超级IP。这是赢得竞争的关键。

经典案例：小米科技——借话题营销提升企业品牌传播力

什么是Logo？它是英文logotype的缩写，可以理解为是徽标或者商标，即公司或品牌的标志。它不同于我们传统观念中的印记，是现代经济的产物，代表着品牌独特个性与价值。

2021年3月31日，小米公司启用全新的Logo。但是，在新Logo发布后，不只是“米粉”，甚至普通的吃瓜群众，都直呼上当，甚至不少人吐槽：

“这是改了个寂寞么？”

“就，就这么……200万元？”

“仅仅把直角改成圆角，哈哈。”

一时间，网上像炸开了锅，还有人跑到雷军的微博下留言：

“雷总，你被骗了！”

“退款，还不如逛逛主题。”

“拿这些钱给兄弟们改善一下伙食不香吗？”

大家都认为这个新Logo没有创意。其实在小米看来，这种看似没有创意的创意，或许才是最大胆的创意——至少，这件事在网上发酵开来，吸引了无数人的关注，从品牌营销的角度看，无疑是十分成功的。

再回过头来看这件事，大家都能看出的“问题”，难道雷军看不出来吗？

当然能。甚至我们可以大胆地猜测：雷军早就料到网友的这种反应，即他非常清楚大家的期待与可能的评价。作为一个有敏锐判断力与商业嗅觉的成功企业家，他是不会糊里糊涂地去改公司的Logo的。因为它直接关系着企业的品牌与形象。

那他为什么还要这样做呢？

除了出于审美需要，更多的是在制造舆论话题——让小米的Logo话题一时间引爆互联网。在IP为王，流量制胜的今天，这无疑也是许多企业可欲而不可求的事情，雷军何乐而不为呢？

再来看新的Logo，它只是对原Logo稍微做了一点改动，但也不能说没有设计，至少可以理解为是一种极简设计吧。几乎在所有人看来，这个设计是绝对不值200万元的。但是，相较于它带来的品牌影响力，其价值已经远远超过200万元！

小米先后发布了几款产品，如小米11Pro、小米笔记本Pro、小米折叠手机MIX FOLD，甚至小米对外宣布要造汽车，所有这些事件加起来产生的影响力都比不过换一个新Logo。从这个角度看，你还能说小米是换了个寂寞吗？你还怀疑日本设计大师徒有虚名吗？

在小米看来，新设计不但提升了品牌Logo的实用价值，而且使这种科技“进化”更接近生命的意义，故新Logo融合了Alive生活理念，并展现了小米企业品牌价值。

第4章

新营销时代，卖产品就是卖文化

产品价值主要包含三个部分：核心价值、有形价值和附加价值。核心价值就是产品的功能和效用，有形价值是产品的外在特质，附加价值是用户购买产品而顺带得到的服务和其他利益。特别是在产品的同质化竞争中，靠产品本身的功效部分很难打动用户，只有更多地赋予产品文化价值，满足用户更多精神层面的需求，才是营销的根本。

传统营销究竟输在哪里

天下究竟有没有难做的生意？有人说“有”，有人说“没有”。随着时代变迁，曾经好做的生意可能会变得难做，曾经难做的生意或许会变得容易，其实，说生意难做，一定是因为有自己无法解决的痛点。

过去做生意的方式相对单一，只要能掌握信息差异，简简单单搞一下营销，就不愁赚不到钱。例如，你做服装生意，可以先到货源地集中采购一批服装，再到对服装价格不那么敏感的地方开个店就可以赚钱。20 元进的服装，你可以卖 80 元，也可以卖 100 元，你说卖 60 元赚钱，顾客也可能会信。因为，信息不对称。这个时候，我们惯用的营销方式也比较简单粗暴，要么张贴海报，要么通过大喇叭吆喝，要么在当地广播电台打个广告。

现在的情况就不同了，你用这样的营销方式肯定行不通。为什么？信息差不存在了。或许一些年轻人对价格比你还敏感。这时你再用过去的那套营销方案来销售，会发现满身都是痛点。这也是为什么许多人会怀念过去生意好做，怪罪互联网砸了他们的饭碗的原因。事实是，因为传统营销不再适应当下的互联网经济。

下面，我们来罗列一下传统营销的几个痛点。

痛点 1：推广成本越来越高

通过传统媒体推广，多需在报纸、杂志、广播、电视媒体，或是户外广告商那里投放广告。如今这类广告投放费用丝毫没有因为其宣传效果下降而降低，反而越来越高，这样就增加了企业的营销成本。

还有一种传统营销方式，就是搞大型的促销活动，如现场搞大型促销、招商、产品发布会，这类活动场地费用高，吸引客户到访的时间和金钱成本高。

当然，也有人通过网络进行推广，虽然是利用网络，但方式比较老套，说白了就是花钱买转化率。最典型的有百度竞价、淘宝直通车等。

痛点2：建立信任越来越难

传统的营销很难与用户建立起长久的信任关系，也就是不容易增加用户的黏性。原因有二：

一是单向输出模式。传统广告多数都是单向输出，没有实时互动，你说什么就是什么，所以用户很少会听完，更别说信任了。电视购物就属这类。主持人一直在那里说，用户关心什么，不知道，用户心理期望的价位是多少，不知道。总之，他想说的用户不想听，用户想说的，他听不到。这样就很难激发用户的购买欲望。

二是广告语太过虚夸。动不动就是“第一”“首位”“世界级”，虽然明知这些违反《中华人民共和国广告法》，但还是会打类似的擦边球。当然了，这种虚假夸大的广告词无法让消费者产生信任。

痛点3：营销效果越来越差

传统营销产生的实际效果差，主要表现在三个方面。

一是转化率太低。如今早已不是那个商品短缺的年代，人们选择的余地越来越多，没有哪一款商品是不可替代的，这也使消费者不会太过于关注某一种商品，而会大范围地做比较。如此一来，转化率就会降下来。

二是品牌效应差。虽然不少企业有自己的品牌，但是品牌形象并未深入消费者的内心，在消费者看来，这些所谓的品牌就是一个区别于其他商品的标识，没有任何价值。

三是竞争力不足。企业管理及营销人员学习能力不够，难以适应信息科技的高速发展，面对竞争无所适从。

既然传统营销如此不堪，那有没有破解之道呢？有，而且很简单，只需做升维思考，让自己的营销跟上自己的思路。

所谓升维思考，就是跳出传统营销思维的束缚，提升一个维度，站在更高的层面，用超脱的视野看待你所谓的“痛点”。

如果你一直在拼价格，拼性价比，那请你先停下来，不要和别人打价格战。正确的姿势是：多考虑你的专业度，多关注服务。这既是转移实力，也是竞争力。用这种思维去做销售，无须过分压缩利润空间，也能赢得忠实用户。如果大家都这样做，竞争又白热化，怎么办？那就再次升维思考：突破现实空间的网络，进行精准引流。这样一来，客户就会主动找上门来，要求购你的产品。那如何进行精准引流？靠故事、品牌、口碑、知名度和人性。

谈到这里，就不得不说新媒体营销。它是指在新媒体平台下进行的营销，如博客、论坛、微信、微博、短视频、App、直播等渠道。如果说当下哪种营销最火爆，变现最快，一定是直播营销。不错，是直播营销，就是你头脑中闪现的那种画面：一个使用了高度美颜功能的“美女”，在那里不停地吹捧自家商品，让你赶快、立即、现在就下单，不买就是吃亏，不买就是脑回路有问题。

当然，在解决传统营销的一些痛点时，也可以综合运用各种渠道，进行立体营销。只要是能解决你的痛点，就是好的营销。

即使在过去，销售也不只是卖产品，如果你用“销售就是卖货”的思维去作营销，那么你就永远只能做产品的搬运工，根本赚不到钱。销售产品，一定要看到产品背后别人看不到的东西，要有流量思维，要有高价值虚拟解决方案，而不是支个摊，喊两嗓子，就是在作营销。

基于大数据，进行精准营销

经常上网刷短视频，或是在网上购物的人都有这样的体验：你喜欢看哪类视频，或是搜索过哪类商品，那相关的 App 就会倾向于向你推荐类似的视频与商品。这是因为，系统基于大数据技术，来判断用户的喜好、习惯，继而进行精准推送。

如今我们身处于一个大数据时代，那种“广撒网，多敛鱼”的销售模式已经行不通了。不论个人，还是企业，只有不断提升自己在互联网中的辨识度，才能吸引到流量，进而进行精准营销。精准营销可以让一个奶粉广告只出现在宝爸、宝妈的手机上，让一个房产广告、装修广告、厨具家具广告出现在一个最近有买房意向或刚买完房的人的手机上。

精准营销依托大数据技术，分析用户的消费习惯，经过大数据计算，可以准确地测算出用户的真实需求，继而有针对性地推送商品信息，将用户想要的、喜爱的精准抵达。通过精准营销，店铺就能轻松实现可衡量的、低成本的营销，为自己带来有价值的客流量。

L女士，是一位四川妹子。三年前，她开了一家店，做麻辣小龙虾。起初，她自己在家饲养小龙虾，纯手工养殖。因为价格实惠，味道鲜美，小店的生意非常红火，而且她还在网上开了店，每天也能卖出几十单。

随着做小龙虾生意的越来越多，市场竞争越来越大，L 女士的店的利润直线下降，从开始的每月有七八万元的盈利，到后来月亏一两万元。还要不要坚持做下去？路在哪里？L 女士陷入了迷茫。

后来，一位做营销的朋友给她支了几招。

（1）开通抖音、快手直播，进行在线美食讲解。

（2）粉丝量突破 10 万人后，成立食品公司，并注册商标。

（3）推出多种风味的小龙虾，专做电商。

（4）定期进行促销活动。

经过一番精心策划，L 女士决定关掉店面，先学会做专业的美食主播。由于她头脑灵活，善于学习，进步有目共睹，加上投入了一些钱做推广，让她在不到一年的时间收获了 8 万多粉丝。接着，她注册了自己的食品公司与商标，在取得了相关的经营许可后，开始正式开启自己的电商人生。

她的绝大部分客户，都是她的粉丝。也是这些粉丝撑起了她的生意，她只用三个月的时间，就实现盈利 200 多万元。谈到未来，L 女士说，她不仅要打响自己的品牌，还要帮助铁粉创业，以回报他们对自己的支持。

在这个案例中，L 女士把线下生意搬到线上，并迎来了新的机会，主要得益于她对网络阵地及个人辨识度的打造。因为有了这块阵地，她可以获得自己的流量池与个人辨识度，在此基础上，通过价值输出，便可提升粉丝对她的信任，或者可以把这些粉丝转化为铁粉、客户。这是 L 女士成功的逻辑。

通常，要成功地进行精准营销，需要做好以下几方面的工作。

1. 明确自己的客户群体

定位与产品自身相匹配的消费群体，是分析消费者购买习惯和消费需求的前提，让大数据分析有用武之地。今时不同往日，不愁没有用户的日子已经过去。现在我们必须要面对的事实是：规则越来越多，用户开始变得挑剔，市场正在慢慢闭合。移动互联网已经进入了下半场。流量成本越来越高，红利也越来越少。广告的投放方式过于传统，投放的范围不精确，花钱买广告的转化率太低，不花钱又没有客户。

基于此，可以通过大数据来精准获客，以使企业或者个人跳过烧钱推广，直接与客户对话。因此企业在寻找目标群体的过程中，要立足于各行业沉淀的数据，根据不同的标准来划分消费群体，建立用户信息数据库，从中找到目标用户。

2. 运用大数据分析用户需求

大数据会记录用户使用各种应用而产生的每一条数据，通过分析这些数据，可以获取用户的需求，甚至能够挖掘出用户也没有意识到的潜在需求。移动游戏应用的推广就是如此，不同游戏玩家有着不同的喜好，有时相互之间的差别是巨大的，如果不通过数据分析玩家喜好与使用习惯，而贸然投放广告，其转化率可想而知。如果对用户数据作详细分析，并获取各种信息，接下来再进行精准营销，则能极大地提升下载率，并延长留存时间。

所以，提升运用大数据分析用户需求的技术，也成为许多主流广告平台的工作重点之一。例如，Mintegral 以 AI 技术为驱动，发展全站式程序化广告产品和服务，为全球范围内移动应用发行商提供用户获取、流量变现和创意解决方案，有效地提高了广告投放的精准程度。

可以毫不夸张地说，如今数据已经渗透每一个行业和业务智能领域，成为重要的生产因素。我们对于大数据的挖掘和运用，实质上也是为了精准营销而做铺垫。

3. 注意广告创意与数据的结合

如今的年轻人更注重时尚与个性的表达，即使是看广告，也偏向于看有个性的、有趣的广告创意。而那些简单粗暴、毫无新意的广告早已不适应时代，这等于是对广告提出了新的审美要求。故广告创作者在做相关创意时，必须要考虑大众，特别是年轻人的审美情趣。如何得知他们的审美情趣，最直接、简单的方式就是分析大数据。通过分析数据，可以得出大众的消费需求，然后让这种需求与新颖的创意相结合，如此一来，理性的数据与感性的艺术会极大地提升广告的感染力与点击率。

综上所述，精准营销的核心就是：了解你的客户人群是谁？他们有怎样的需求？如何把他们吸引过来？当然，要在网络世界筛选客户，并把他们吸引过来，需要持续吸引对你感兴趣的群体的关注，这就要求必须要有个人辨识度，要有价值输出。否则，没有流量，何来的大数据，与基于大数据的精准营销？

口碑营销：让用户去告诉用户

在营销活动中，口碑是关于品牌的所有评述，是关于某个特定产品、服务或公司的所有的人口头交流的总和。也就是说，别人对你的评论就是你的口碑，这是一个发声—传播—接收的循环的过程。

为什么要进行口碑营销？俗话说，“金杯银杯不如老百姓的口碑，金奖银奖不如老百姓的夸奖”。我们再来看一组专业的调查数据：七成的网民在网上购物时，会参考其他买家对所购商品与商家服务作出的评价。超过九成的人相信，朋友推荐和其他买家意见会影响自己的购买决定。由此可见，口碑对于消费者购物决策有很重要的影响，特别是在今天这样一个开放透明的网络时代，信息传播速度更快，范围更广，企业和个人都非常重视自己的口碑。

曾经有这样一位网红，集才华与美貌于一身，不但有很多媒体争相报道她，而且不少品牌都主动找她合作，其中不乏阿里巴巴、全球购物、土豆、新浪等这样重量级的公司与媒体，她就是号称“淘宝第一美女”，网名叫“水煮鱼皇后”的李叶。

她为什么会火？又是怎样叫响个人口碑的呢？

起初，李叶只是一个喜欢在网络上发照片和视频的博主，同时经营一家淘宝小店，但因为其视频《水煮鱼的淘气生活》风趣幽默，加上本人形象天然出众，很快在网络上走红。受到众多网友的追捧，这位长相清纯甜美、不作妖、靠创作视频博得大众好感的“水煮鱼皇后”得到了进一步的曝光，其个人形象与事迹也开始陆续在一些贴吧、论坛等平台流传开来，“淘宝第一美女”的名号和形象也开始变得广为流传和深入人心。借助自身品牌形象和口碑的迅速提升，李叶淘宝店铺的生意也越来越好。

不论是个人还是企业，要建立良好的口碑，首先要塑造正面积极的形象，并借助网络社交和内容平台展示自我，打响知名度，建立受人欢迎的品牌形象。然后通过活动内容形式来增加消费者的好感和讨论度，让品牌在口口相传中不断扩大影响力，提高美誉度，形成良好的口碑。最终，要促使这种口碑转化为用户实实在在的购买力和消费行为。所以说，低成本、高效率是口碑营销最大的优势。

那如何进行口碑营销，把客户变成积极的品牌推广者呢？方法有很多，相对而言，下面的几种更为简单高效。

1. 识别并锁定你的影响者

影响者是指那些活跃于自媒体或是各大新媒体平台，并能推广你的消息和品牌的人。如今，消费者更信任第三方，而不一定是品牌。将正确的消息传递给有影响力的人是一种新的市场营销方式，如果操作得当，可以让你的企业口碑得到爆炸式的增长。

比如，当年利洁时发现其滴露品牌的消毒液很难在中国以外的地方开拓市场，而且公司花大价钱做了一些电视广告，并未产生预期的效果，也未有效提升品牌的知名度。于是，利洁时开始求助于口碑宣传，开展了一个针对母亲影响者的口碑营销活动。

利洁时向 4000 位母亲分发了 48000 份样本，每位母亲以及她们的十多位朋友会收到一份套装产品。结果，这项活动获得了空前的成功，只用了短短5个月的时间，就极大地提升了品牌的知名度。

2. 找一个有影响力的话题

所有的口碑都是从一个交流话题开始的，任何能抓住人们注意力的事物都是一个谈论话题。口碑话题不是企业正式的营销宣传内容，也不是正式的品牌说明，它就是一个简单信息。通过这一信息，可以激起人们对产品的兴趣，引起人们的谈论。

有影响力的话题要简洁明了、朴实自然，值得一提的是，出色的话题都是出人意料的。划算的特价销售、卓越的客户服务、做些幽默的“糗事”、与慈善机构建立伙伴关系，都是不错的口碑话题。另外，有意思的可以重复的广告、病毒型活动、向顾客提供免费信息、荒谬的广告噱头、卓越的产品、鲜明的产品特色、美妙的购物体验，都可以使你成为大家谈论的焦点。

一旦拥有了一个成功的话题，并逐渐产生了有影响力的口碑，接下来必须努力维持好话题，确保话题新鲜，不要让人们失去他们的谈论热情。

3. 引导顾客进行体验式消费

所谓顾客体验，即指顾客与企业产品、人员和流程互动的总和。也就是让顾客置身于生产制造的全过程，或者让顾客切身享受消费的乐趣，从而形成“以自己希望的价格，在自己希望的时间，以自己希望的方式，得到自己想要的东西”的强烈消费欲望。体验式消费所带来的感受是深刻难忘的。

4. 完善售后服务，赢得良好口碑

一家公司，即使口碑再好，也难免会得到负面评价。如在一些大型的购物网站上，我们经常会看到，某公司的某件商品物美价廉，销量巨大，即使售前、售后、物流等各个环节都做到极致，好评度仍然难以达到100%。

也就是说，不管做什么事，你做得多好，永远都不可能让所有人都满意，我们要作的就是尽可能降低对方的不满意度。对企业而言，关键是作好服务，尤其是售后，在客户遇到问题时，一定要多从维护公司口碑的角度出发去解决问题。

如今，很多公司在销售产品、推广品牌的时候，只注重指标，注重成交率，不注重口碑。这么做的结果就是：产品销量上不去，客户忠诚度下降，企业品牌会被无视。反之，良好的口碑不但会带动销量上涨，而且顾客也愿意自发性地为企业作品牌推荐。

借 IP 交易入口，实现流量变现

不论是个人，还是企业，如果不知道 IP，要混迹于这个网络时代会很难，如果能打造并用好自己的 IP，将会是另一番天地。

一个产品或是品牌，一旦它拥有了超级 IP，那么它就是不可替代和无法被模仿的，而且这种 IP 也会成为它最根本、最核心的竞争优势。所以说，IP 正在或是事实上已经成为新的交易入口。

了解马斯洛的需求理论的人知道，在我们最基本的生活需求，如吃喝拉撒睡等需求得到满足后，就会产生更高的需求，即精神需求，其中包括社交需求。不同的社交需求，带来不同的交易方式。最早，为了满足最基本的生活需求，人们进行物物交换。后来，物资需求得到满足后，人们开始拼价格，拼流量。如今，不论是个人还是商家，更注重 IP。因为 IP 不仅代表稀缺性，而且代表品牌，更代表社交。

可以说，IP 的本质就是品牌与消费者之间的桥梁，其消费心理的逻辑就是我们常说的“爱屋及乌”——你喜欢这个 IP，自然就喜欢与这个 IP 有关的东西。于是，这个 IP 就有了商业价值。而 IP 营销，就是将 IP 注入产品或品牌中，赋予产品温度和人情味，通过这一沟通桥梁来大幅降低人与品牌之间、人与人之间的沟通门槛。

罗永浩曾经是锤子科技的创始人，如今是一位带货的主播。在这期间，他不止一次跨界，做过英语老师，上过一些脱口秀节目，尝试当过作家、导演。有人戏称，“罗永浩才是真正打造个人 IP 的典范”。

罗永浩出生在一个普通的家庭。读高二的时候，他退学了。2001 年，他用一封长篇求职信打动了俞敏洪，成为新东方的一位英语老师。五年后，他离开新东方。2006 年，创牛博网。2008 年重操旧业，回归英语教育的老本行。2012 年创立锤子科技，专注于做手机。结果，手机没有做起来，却让自己背了一身债。为了还债，从 2020 年 4 月 1 日晚开始，罗永浩开始直播带货。首次直播，观看人数累积超过 4800 万人，交易总额超过 1.1 亿元。这些数字向人们展示了什么是超级 IP 的力量。

人生中的任何一件事情，对罗永浩来说，都是财富，都是打造个人 IP 的机会。他会通过线下发布会，各种有趣活动，各种段子，各种有趣的事情，把自己打造成自媒体，自己的一举一动都会形成焦点，正是这种能力，逐渐成就了他现在史诗级的个人 IP 现象。

这是一个看脸的时代，更是一个看 IP 的时代。拥有超级 IP 的个人或是品牌，可以拥有更多的流量，拥有更强更持久的变现能力，创造更多的价值。

在实际营销中，如何用好 IP 这个新的交易入口呢？很简单，就是让用户与 IP 之间建立强连接，具体来说，就是做好如下两方面的工作。

1. 持续输出有价值的内容

如今，用户越来越理性，他们关注你，信任你，往往不是出于单纯的喜好，而是出于对你输出的价值的认可。例如，在抖音平台上售卖课程的各类专家很多，有的人粉丝有几百万人，甚至上千万人，平时，随随便便直播一场，平均在线人数也有一两万人。而有的人，只有区区几千、几万粉丝，直播间人数更是寥寥无几。如果再看他们讲授的内容，你就对造成这种差距的原因有所了解了。

例如，同样是讲投资理财，有的人善于给观众灌输鸡汤，甚至旁征博引，大道理一套一套的，听的是那么回事，但没有什么干货，没有可操作性，太过假大空。而有的人，则善于分析政策、特殊事件等，并能将它们关联起来，讲大家看不到的一些深层逻辑，或是能对某种现象作深度解读，给出可行的操作方法。相比之下，后者输出的东西更有价值。

所以，要黏住粉丝，让更多的人关注你，必须要与大家实现价值同频，即要能持续性地输出有价值的东西，否则，发再多的红包，打再多的广告，也难以获得大家的认可。

2. 线上线下保持高频互动

在生活中，交朋友的最好方式就是多走动，有情感往来。增加 IP 的黏性也是如此，不论是线上还是线下，要保持高频互动。

例如，有些进行知识变现的 IP，不但在一些知名的 App，如知乎、得到、必应等上面开设自己的咨询专栏，与粉丝进行线上互动，还利用抖音、快手、花椒等视频直播的方式与粉丝进行一对多的互动。

再如，有些 IP 会定期组织一些线下活动，如一起出去跑跑步、读读书、听听课，一来二去，强连接就建立起来了。

在 IP 为王的时代，我们需要来思考这样一个问题：在未来 10 年，商业世界中不变的会是什么？不论科技如何进步，市场如何竞争，“IP 会成为更大的交易入口”这一商业逻辑不会变。尤其是各个领域的超级 IP，会进一步通过互联网工具，将原本散落在线下的粉丝凝聚到线上，打造自己的独特社群——借此产生更大的社会影响力，实现商业变现。

通过短视频营销实现流量变现

在如今快节奏的生活中，人们很难有时间静下心来细细品读一本好书，或是欣赏一场电影，而更倾向于用碎片化的时间来学习、娱乐。可以说，短视频的火爆与此不无关系。当然，有人刷短视频，是为了消遣，有人是为了获取信息，也有人是为了赚钱。

特别是短视频营销，几乎是每个商家都在思考，或是正在做的一件事情。这是因为,优质的短视频不但能提升品牌的知名度,还是实现流量变现最快捷、有效的手段。

与传统的营销方式相比，短视频营销有这么几个优点。

首先，能够与粉丝实现实时互动。

对于企业营销活动来说，最担心的，不是怕别人出来质疑你，而是你根本听不到任何回音。以往的一些营销就是如此，营销活动声势搞得很大，效果有没有？是有一点，与没有也差不多，即无法全面、及时地掌握用户的需求、反馈，所以，当活动结束后很长一段时间，才能偶尔在一些平台或是论坛中，看到一些不痛不痒的评论，而这些评论是否是真实的，能代表多少人的意见，不得而知。

短视频营销则可以避免这种情况，用户可以直接在短视频下方评论，许多时候，评论都是用户真实意思的表达。这样就方便企业第一时间给出解释，或是作出补救。

其次，可以实现精准推送。

平台根据对大数据的信息化处理结果，将人们想看的新闻、视频、段子、商品等置于优先位置。简单来说，就是根据不同用户使用、观看、浏览、购买等一些操作进行大数据分析，之后对用户进行精准推送，一方面实现了用户与信息的快速精确匹配，另一方面极大地降低了企业的营销成本。

除此之外，还可以使广告与乐趣并存。如通过了解大众的兴趣点，进行精准推送来吸引目标群体的关注。

短视频既然有这么多优点，那么如何通过它来让流量实现快速变现呢？主要有下面这四种变现方法。

1. 广告变现

现在的广告商很少再去做传统的硬广告投放，而是把更多的专注力放在了短视频这块宝地上。实现广告变现一般有四种方法：软广告、冠名、贴片与代言。

所谓的软广告，就是向用户委婉地推荐某个品牌或产品。例如，做汽车保养的主播，会接一些润滑油、轮胎等广告，在进行一些技术讲解的过程中，会委婉地向用户推荐一些自己认为不错的厂商。这种软广告往往会让人觉得毫无违和感，因此有较好的转化效果。

冠名类的广告，大家都非常熟悉，特别是在一些综艺类节目中，经常会见到，如“本节目由 ×××× 公司冠名播出”。在短视频行业，冠名广告通常体现为字幕明细、添加话题、添加挑战、特别鸣谢等写样。与软广告比，冠名广告旨在突出广告主的品牌。

在短视频中植入广告时，一定要注意观众的体验。如产品的生产渠道是否正规，产品的美誉度如何等都会影响用户的体验。所以，在广告变现的过程中一定要认真考虑这些问题。

进行广告代言，一般是有一定人气的主播，或是网红才有“资格”，当然，在短视频中代言广告，也要有足够的创意。

2. 电商变现

按照电商运营模式，电商可以分为平台电商、垂直电商、社交电商三大类。像淘宝、京东这些就属于平台电商，而抖音是社交电商，凡客诚品、早期的当当网则属于垂直电商。

以抖音为例，通过一个短视频，可以不知不觉地向消费者输出产品的某些特征，并刺激他们的购买欲望，同时植入该产品的链接，这样一来，消费者只要有购买的兴趣，只需轻轻点击一下购物链接，就可以了解商品的全部信息。

通过电商变现，其实就是等于直接告诉大家：我就是来卖东西的，发这个视频的目的，就是让大家了解一下我的产品，看看它究竟好在哪里。不论是哪类电商，通过短视频变现会变得越来越流行。

3. 直播变现

如今做直播的平台有很多，而大部分让主播热衷的平台，一定是人气更高，更容易变现的平台。例如，有些平台只注重娱乐，主播靠刷礼物变现；有的平台只能带货，没有任何娱乐性；有的平台既可以带货，也可以娱乐。常见的直播平台有淘宝、抖音、快手等。

例如，李佳琦曾和马云合作卖口红的直播爆火。即便一些买家已经看透了网红卖家们的套路，但是在看完这场直播后，还是按捺不住自己的手指头，当回过神来时，手机页面已经显示付款成功了。

在所有直播变现中，直播带货是最简单粗暴的方式，除此之外，还有打赏、承接广告、内容付费等模式。

4. 课程变现

课程变现这种模式由来已久，说白了，就是贩卖知识，再说得通俗点就是，你只要肯花钱，我就告诉你想知道的东西。如今它有了一个时髦的名字，叫“知识付费”。借助短视频的营销力量，课程变现如今已成为一种重要的变现模式。有人卖就有人买，这种方式非常适合有专业知识、专业技能的人才，最大限度地为自己创造价值。所以，很多知名专家、学者，或是行业翘楚等，都积极地进行线上布局，以求实现知识变现。如有位知名的中学教师，他平时的薪水是 20 万元一年，但他通过网络视频授课的收入，一年接近 200 多万元。由此可见，在人们越来越注重通过网络学习交流、共享知识的今天，课程变现成为一条重要的变现渠道。

广告、电商、直播、课程这四种变现模式各有优势，在具体的变现过程中，要根据自身情况合理选择，并注重不断创新。如今大家都变得越来越专业，如果只靠卖萌、耍酷、抖机灵，或是搞一些恶作剧，别说赚点小钱了，可能连吸粉都做不到。这也是很多人做不下去短视频的原因，说到底，是输出的内容没有价值，你拿没有价值的东西和人做交换，本身就是不符合商业逻辑的。

做爆款，换产品不如换思维

看到别人出现爆款产品，赶紧跟风操作，你以为可以赚把快钱，其实你很可能会跳进一个坑，为什么？因为你看到的仅仅是产品，而没有看清产品背后的商业思维与营销模式。任何一款产品，都不会无缘无故地火起来，即使火，也不是因为你看到的所谓的“性价比”“市场潮流”，而是另一套的逻辑。

所以，要做爆款产品，关键不在产品，而在思维。不少人天真地认为，要做出爆款，就是从成千上万的商品中找一种最具性价比的产品，然后上“直通车”，这样不火也火！错了。如果只是为了以量取胜，即使你的所有商品都成为爆款，你也赚不到钱。道理很简单，现在商品的价格比较透明，你只有远远低于成本价销售，才可能出现你所谓的“顾客会因高性价比选购自己的产品”的情况，更何况在绝大多数情况下，即使你把价钱压得很低，用户也未必会搜到你的产品，即使搜到了，也不一定会认可——网上价格便宜的东西有很多，价格便宜不能说明什么，只能说明它不值钱。

在用户的观念中，永远都是“买的没有卖的精”。所以，那种认为只要价格降到位，就可以打造爆款的思维是绝对错误的。

小温在拼多多卖服装有三年多，除了没赚到什么钱，还搭进去 2 万多元的推广费。之前的她看别人卖什么火，就跟着卖什么，结果发现，即使自己以接近拿货价出售，还是没有竞争力——同样一款服装，有很多比自己价格更低，店铺规模比自己大的商家的销售量都是零。

一次，她发现某款T恤热销，就上了300件，别人卖20元一件，她卖18元，还是卖不动，最后10元处理，还要搭邮费，还是没有人买。

当时家里人都劝她：网上创业不靠谱，还是踏踏实实上班吧。她有些不甘心，决心要把网店开下去。连续赔了三年后，第四年，她似乎悟出了门道。如今的她专门做女装，2021年前三个月的销售额就突破了100万元，复购率达到30%。不论是T恤、卫衣，还是毛衣、牛仔裤，她的店铺都能根据类目推出当季热销产品。谈到生意上的变化，她说："开网店一定要摆脱'卖货'思维，学会转型求变。"她是怎么变的呢？主要是摒弃了三种"卖货"思维。

1. 打广告

虽然通过大量的曝光率可以获得关注，但是获客成本在不断增高，也许一年2万元的广告费，只换来区区1万元的销售额。

2. 多开店

以前，她除了在拼多多，还在淘宝、微店上做生意，以为"店多机会多"。结果呢？所有的店都加起来，一天的流量也不超过100人。没有流量，开再多店也没用。

3. 降价促销

别人降20元，她就降30元！有时会冲一点量，但是对整个店铺的经营来说，没有任何帮助，而且时常会有顾客提出这样的疑问："是不是假货，保真吗？"

她偶尔也会赔钱做几个爆款，这么做是为了引流——不通过爆款赚钱，通过爆款引来的流量带动其他产品赚钱，并且是持续稳定地赚钱。

从这个案例可以看出，打造爆款需要一整套思维逻辑，而不能只局限于卖一件或几件商品本身。否则，打造爆款没有什么意义。毕竟，打造爆款是需要成本的。

所以，想要持续长久发展，就要改变过去的爆款思维，学会做整体布局，如此才不会因为一个爆款的衰落，而导致整个店面陷入危机的状况出现。那么，如何转换思维，进行整体布局呢？

1. 准备期：作产品分析与目标分解

在计划打造爆款前，先要明确目标，如销量要达到多少？选择哪款商品？投入多少广告预算？然后对市场及产品进行分析、分解。在以商家的身份分析市场的同时，还要站在消费者的角度去分析产品的需求。

首先，以商家的身份作市场分析。可以通过搜索关键词来查看本行业销量前五名的商品，确定自己的目标销量，店铺日销量，根据所选推广工具，计算出推广预算，是否在店铺可承担范围之内。

其次，以消费者的角度选择产品。可以选择 5 款至 6 款有潜质的商品，然后进行推广，一周后看销售数据。通过数据分析情况，从中筛选出有潜力的商品进行重点打造。

2. 培养期：进行产品推广与引流活动

在进行产品推广时，要先做好商品优化。如在商品主图中是否传递了产品的卖点与利益点？商品详情页中，卖点够不够突出？有没有细节展示，或者是多角度展示？是否有售后保障？是否从消费者角度出发，打消并解决了消费者的疑虑与问题？等等。

在进行引流时，除了付费推广外，要充分利用站内的免费活动资源。

再就是，要做好客服培训工作，并从用户反馈的信息中，获取他们关注的信息，从而做进一步调整。

3. 成长期：作好数据监测与跟踪

培养期阶段已经有一定的销量，流量基本稳定，转化也趋于稳定。在成长期，要做好关于商品各项运营数据的监测及跟踪。根据数据分析，确定成长期的工作重点与方向。

所跟踪、监测的数据主要体现在：某款商品的成交关键词是哪些；行业的热度词是哪些；关键词修改后，搜索流量有没有上升；直通车点击率每天有没有提升，质量得分有没有提升；出价低的前提下，排名有没有靠前；开通类目、定向后，每天直通车流量能带来多少；活动报名前流量多少，销量多少；活动后销量能够达到多少；等等。

4. 爆款期：分析问题并寻找优化方案

在经过成长期的一番增长后，商品的流量、转化、销量等都已接近峰值。这时，要观察销量是否达到预期目标。如果尚未达到，要分析转化率低的原因所在，如果流量不够，要清楚问题出在哪里，从而找到合理的解决方案。

不论是什么商品，打造爆款都需要一种全局思维，即从起初的选款、测款、目标人群的选定，到引流推广测试，再到根据测试的数据反馈做出有针对性的优化调整，继而打造出一款爆款产品，借以提升店铺的整体权重与流量。

经典案例：夸克搜索——瞄准用户痛点，彰显品牌优势

自新冠肺炎疫情暴发后，越来越多的人陷入了焦虑、担心中，他们有满脑子的问号：“如何正确戴口罩，新冠肺炎是什么，疫情什么时候结束……”而解决这些疑问，最快速的方式就是搜索。

今天，在国内搜索引擎市场，百度一家独大，相比之下，作为阿里创新业务事业群旗下的智能搜索 App 夸克搜索，其核心优势就是极简界面和高效搜索。

平时，我们在使用搜索引擎时，在获得相关信息的同时，也会面临弹窗式广告、浮动型广告、精准推送广告等的“侵扰”。为了解决用户这个痛点，夸克搜索致力于“无广告搜索体验”理念，以“反广告”的方式进行品牌营销——在地铁、户外、电梯、线上投放了一系列反广告。

比如，在地铁中经常见到夸克搜索做的广告：

“你知道吗？你知道吗？你真的知道吗？我们没广告。”（其余的都画去，只留下“没广告”三个字）

“想去哪儿‘浪’就去哪儿‘浪’，不用看广告。”（只留下“不看广告”，其余的都画去）

“不看广告，不用跟老板谈，不看就不看。”（只留下“不看广告”，

其余的都画去）

当然，也有更另类的做法，即采用一大片留白，只在最后留一句标语和品牌名。

在这些地铁海报中，用删除线画掉一些文案，重点突出无广告的特点，这样的方式不仅能吸引用户注意力，还能直击用户痛点，彰显品牌优势。

不仅在线下，夸克搜索的线上文案也保持了这种特色。在虾米、口碑、优酷等App上，可以看到夸克搜索投放的广告有一个明显的特点，那就是与其他品牌的广告形成一种强烈的反差。例如，在优酷视频的最后6秒进行了留白，这种与众不同的做法给年轻人一种“夸克是一个有趣、敢玩的App”。尤其是文案“答案是用来搜的，不是用来卖的；答案要快速翻到，不存在快翻到了；答案的入口简单一点，找答案才能极其简单”，很有震撼力，可以说直击人心。

除此之外，在营销海报方面，夸克搜索也会尽可能突出自身的特点——用红蓝白配色打造视觉冲击力，使画风更趋于简洁。

夸克搜索凭借非常简洁的界面和无信息流推送，不仅给用户提供了科学有效的答案，还通过洞察思考传递了正确的价值观。当然了，其打出的“无广告”，以及“极简到连Logo都可以不要”的营销方式不但直击用户痛点，给用户带来了良好的搜索体验，还体现了温情的一面，这也使它收获了广大用户的认可与好评。

第5章

轻管理重文化，改变传统管控模式

优秀的企业文化，可以让『一群人』变成『一队人』，并能将其塑造成一支『召之即来、来之能战、战之能胜』的铁军。因此在经营管理公司的过程中，一定要践行企业文化。特别是在企业文化的宣传与贯彻上，领导者不但要提出来、天天讲，更要以身作则，融入业务。

以文化驭人，而非规矩制人

在企业管理中，有一句话曾经非常流行：三流的企业人管人，二流的企业制度管人，一流的企业文化管人。相较那些近乎变态的考核、死板的条条框框，优秀的企业文化不但能激励员工自觉投入工作，而且还会让他们由衷地产生一种使命感。

道理很简单，任何一种制度都是有局限或有缺陷的，如何弥补这些不足呢？只有靠企业文化。一些企业做不起来，不是因为缺制度，而是缺文化。正如马云曾说："许多倒下去的国有企业，规章制度多到负责制定的部门自己也搞不清楚。但是没有很好的企业文化，制度再多，得不到执行，最后还是空的。"

K先生毕业于一所985院校，在一家咨询公司做企划管理。他刚来这家公司时，曾经一度怀疑自己是不是被骗了。公司位于一个老旧的居民区，上下班要穿过一个农贸市场，环境很嘈杂，他多次问自己：这家公司靠谱吗？

让他感到最不靠谱的是，刚来时，公司HR和他说，早上9点上班，下午6点下班。当他早上9点钟到达公司后，发现一多半人还没有来，到了11点左右，人才陆陆续续到齐了。这让他非常纳闷儿：真没有见过这样的公司，员工竟可以如此自由散漫？！

到了下班的时间，他发现没有人要离开。“为什么没有人走？”他琢磨着，自己初来乍到，也不好意思走，于是坐在那里观察。等了半个小时，他终于憋不住了，问了一下身边的人：“我可以走了吗？”

“你早就可以走了。”

后来他才发现，这些员工没有一个是按规定时间上下班的。对他们来说，也没有节假日、双休日一说，只要自己没有其他事，就会忙自己的工作。只有困得不行了，才会休息一会儿，睡醒了继续干活。

K先生认为，这家公司不正规。于是，一周后他就请了三天假。本以为会被扣除三天工资，月底却发现工资一分没少。这更让他纳闷了：这种公司能有发展前景吗？

三年过去了，K先生现在是这家公司的运营总监。再次谈到公司的管理文化，他感受颇深：其实对初创型企业来说，那种貌似没有管理的管理，或许是最高明的管理方式。

不是这家公司“没有管理”，而是其在用文化管理，相较于制度管理，文化管理更能激发员工的自主性。特别对于初创团队，用文化管理可以为员工创造一个宽松的工作氛围，让员工有更多的自由，这在某种程度上提升了员工的归宿感。

当然了，我们也经常听到“严格的制度是爱”“靠严格的制度来管理企业”等声音，其实，这也从侧面说明企业文化的缺失。要知道，制度通常都是用来约束人的，而非激励人的，而且它只能解决有形的问题，对于一些无形的、人内心的问题则无法解决。

要解决企业“成长中的烦恼”，实现有效管理，一定要懂得用文化驭人。理由有这么三点。

1. 人管人，累死人

如果企业规模小，你管三五个人，可以忙得过来，那如果企业有一定规模，达到三五十个人呢？你是不是要忙得四脚朝天？有句话叫“一个累坏了的主管，也是最差劲的主管”，说的就是这个意思。好多老板都有这样的感受：一天像个大忙人，心非常累，但是忙不出个结果。为什么？因为将大部分的时间与精力用在了管人上，不是和这个交代事情，就是去说教那个，或是跑到其他地方当“救火队员”。你说，这样做管理能不累吗？

2. 制度管人，烦死人

企业在发展过程中，部门会越来越多，分工越来越细，而且部门间的协调工作也显得非常重要。因此，各种制度也就应运而生。可以说，这时用制度管理已成为企业管理的主要方式，制度的制定监督部门每天忙于程序性地检查、记录、奖惩，与此同时，员工会想方设法打擦边球，甚至钻制度的空子。

如此一来，企业与员工之间就形成了一种“博弈”的状态。企业的规章越多，规定得越细，员工执行起来越不耐烦，于是就会出现员工反感被监督、被考核的情况，管理者也会“烦”制度为什么如此难以落地，员工为什么不愿意配合。毕竟，人不是机器，用制度和流程来管理只是在管理的初级阶段对初级阶段的人，人被动地受管理并不能产生最大的效益，很多时候反倒会因此引起逆反而使效果也适得其反。

3. 文化管人，管住魂

一家成熟的企业，定会非常注重企业文化建议，并用企业文化吸引人才，提升企业内聚力。因为员工认同企业文化，所以内心也会自发地接受和遵守制度。作为企业核心价值观念的企业文化，一旦被所有员工认同，它就会影响他们的思维模式和行为模式，并最大限度地发挥他们的主动性和能动性。

管理的目的不是管住员工，而是激励员工。能够达到这一目的最好的方式不是制度，而是企业文化。一旦企业建立了其所希望的企业文化，那这种文化立刻就会产生作用，开始改变企业中的每一个成员。当全体成员深受这种文化的熏陶之后，他们便会自动自发地改变自己和自己的工作状态了。如果做不到这一点，那说明企业的文化还是不够优秀。

不要念歪“绩效激励”这本经

绩效激励是指为实现组织发展战略和目标，采用科学的方法，通过对员工个人或群体的行为表现、劳动态度和工作业绩以及综合素质的全面检测考核、分析和评价，充分调动员工的积极性、主动性和创造性的活动过程。

古人有云：“矢不激不远，人不励不奋。”调动每位成员的积极性，充分发挥个人的潜能，使组织始终保持高昂的士气与强大的活力，是每一个企业管理者所追求的目标。企业管理的一项重要任务，就是通过绩效激励，吸引、开发和留住人才，激发人才的工作积极性和创造性。

但在实际管理工作中，许多企业的绩效激励之所以没有效果，或者遇到很大的阻力，是因为管理者念歪了“绩效激励”这本经。比如，有些企业打着“绩效激励”的幌子克扣员工工资；有的企业为了炒人，或者实施末位淘汰制，也要进行所谓的“绩效激励”。

侯先生任职一家三线城市的灯具销售公司的市场部经理。老板30多岁，手下有30多位员工。公司刚刚起步，产品销量一直上不去，销售人员的积极性也不高，大家过一天算一天。

后来，老板觉得再这样下去，公司迟早得关门大吉了，便想引入绩效激励机制。一天，他找到侯先生商议：“可不可以降低员工底薪，增加销售提成，来提升员工的积极性，进而增大销量呢？”侯先生之前也想到了这个办法，但是觉得实行起来有点难，他知道这个行业本身难做，底薪太低了，大家的激情就没有了，还有些人肯定会离职。如果不调整薪水，大家又没有什么压力，当一天和尚撞一天钟。

所以，他和老板讲了自己的想法。老板说，可以先尝试一下嘛。当侯先生把起草的绩效激励方案分发给员工时，大家的抵触情绪很强烈，他们认为公司是在变向调低工资，有的员工甚至直接提出辞职申请。

老板见状，只好暂停了绩效激励方案的实施。

在这个案例中，员工为什么很抵触绩效激励方案？原因有二：一是行业本身不好干，许多人也都是将就着干；二是员工认为，所谓的“绩效激励”就是变向调低工资，增加工作压力。要知道，员工追求高收入就像企业追求高利润一样，员工希望多劳多得，就像企业希望投资了就得有回报是一样的。

那老板有没有办法将绩效考核和激励有效融合在一起呢？

当然有。这就需要改变管理思维，不能再整天盯着员工的问题，而是想着如何让员工可以拿到更高的收入。员工收入越高，积极性就越高，创造的利润也就越大。按照这样的逻辑，给员工高工资，反而能增加企业的利润，而且还能留住人才。

除此之外，还可以从改善个人绩效与组织绩效入手，来解决这个问题。

1. 改善个人绩效

个人绩效的改善和提高，是实现组织整体绩效提高的重要组织部分，也是激励有效性所要重点解决的问题之一。对于个人绩效的改善，企业可以从提高员工个人能力，以及改善员工的工作动机两方面着手。

（1）提高员工个人能力

可以让员工参加各种培训，这里需要注意的是，培训方案要有针对性，不可一概而论，这就需要管理者提前做好员工能力的测验和调查，再制订有针对性的培训方案。

例如，当前许多企业都对员工进行股权激励，以期促进个人绩效的改善。其实，这种做法并不妥。对于股权激励来说，它只是一种科学的激励方法，它虽然能够使员工更积极努力地工作，但不一定能促进自己绩效的改善。

个人绩效能否提高，是受能力等其他因素影响的，而企业对员工进行股权激励后，员工的绩效未必会提高。所以，对员工进行培训，比股权激励更有助于提升其能力。

（2）工作动机的改善

简单来说，改善员工的工作动机，就是让员工觉得是在为自己工作，而不是在为企业打工。如何做到这一点？除了让员工从更高层次、更长远角度来看待自己的工作外，还要让员工看到努力的结果。否则，你说得天花乱坠，员工努力了，却得不到应有的回报，也很难产生上进心。

2. 组织绩效的改善

组织绩效是指在某一时期内组织任务完成的数量、质量、效率及盈利情况。要实现组织绩效，首先得实现个人绩效，即每一位员工都要达成自己的目标。否则，企业的整体绩效便难以实现，更谈不上改善了。试想一下，一家企业连年亏损，都快活不下去了，你还一个劲儿地在那儿激励员工，你觉得有什么效果吗？所以，要想使激励更有效，一定要让员工看到组织绩效得到提升，以及这种绩效与自己有关系。为此，管理者要做好两方面的工作。

（1）进行合理的分工

合理化的组织分工是高效、准确实现企业目标的保证，既可以发挥整体效能、提高工作效率，又可以发挥每个人的长处优势、改善个人绩效。在进行组织分工时，企业管理者在着重考虑人尽其才和授权合理的基础上，也要注意对组织分工度的把握，做到企业分工张弛有度、不重不漏。

（2）进行正确的决策

企业的成败关键在于决策，而组织决策的水平和决策的正确性除了受环境因素、组织自身因素、决策问题的性质和决策主体的因素等影响外，还受信息沟通与共享因素的影响。所以，只有在企业上下级之间、同级之间做好有效沟通、了解，实现信息及时共享，才会更加有利于企业管理者作出正确的组织决策。

所以说，为了提升企业绩效，管理者主张绩效激励本身没有错，毕竟水不激不活，人不激不上进。错的是，管理者只有考核思维，而不注重激励文化与措施，这就相当于通过外部压力迫使员工“上进”，并做出一定的绩效，在这种情况下，员工不可避免地会产生应付心理，甚至是抵触情绪。

记住，别让你的企业文化太“Low”

很多人天然地认为，企业文化是一些虚无缥缈的东西，可有可无，实实在在做事才是最重要的。其实不然，企业文化不但能影响人，更能塑造人。

举个简单的例子。有两个实力相近的年轻人，一个曾长期就职于一家知名的大公司，一个就职于一家小公司，在竞争同一岗位时，谁更有机会胜出呢？通常，HR更倾向于选择前者。原因很简单，因为他接受过大公司文化的洗礼——在职业竞争中，这种文化无形中会为他赋能。

通常，一些管理规范，且有相当规模的知名公司，企业文化都不会太差。如果一家公司的企业文化太奇葩，或是太“Low”，一定是在掩饰某些问题。这样的企业文化非但不能为企业赋能，反而只能带来负能量。

某媒体曾报道过一个事件：

×××市的一个广场突然出现一群人，他们绕着广场的花坛爬行，而且加入爬行队伍的人越来越多。路人都以为他们是在搞行为艺术。

队伍中有男有女，除了极个别上了年岁的，多数为年轻人。所有人穿着统一的职业装，男的是西裤加白色短袖衬衫，女的都是深色制服。后来人们才知道，这是某火锅店在搞“团建”。有些人看不下去，便质问火锅店的管理人员“为什么要这么做”，对方说“这是企业文化，是为了激励员工”，并且声称，都是员工自愿参加的，是你们这些围观的人多管闲事。

这种企业文化着实让人咂舌，不要也罢。企业可以有文化，但是推行企业文化的前提是尊重每一个员工。不尊重员工，不能从内心深处驱动员工的文化，本身就不叫文化，这样的企业本身也没有文化。

在现实中，类似上面的畸形企业文化举不胜举，如：

为了打造所谓的“狼性文化”，要求迟到的员工“自扇耳光”；

要求完不成当月任务的员工裸奔，美其名曰“锻炼员工的心理承受能力”；

领导在微信群发的消息必须秒回，不回就是脱岗。

……

在激烈的市场竞争中，每家公司都想靠优秀的企业文化立于不败之地，靠科学的绩效考核取得良好业绩。但是，企业文化不能有违社会公序良俗，不能践踏员工的尊严，只有尊重和维护员工人格的企业文化和考评机制才符合现代社会潮流。

当然，不可否认，很多公司制定企业文化的初衷是好的，但是在执行的过程中却逐渐地变了味。

一次，某公司的 HR 面试了一位小伙子。他问对方：“你为什么要离开上家公司？”

对方回答：“公司非常热衷于搞团建。”

搞团建有什么不好吗?

HR 不解，便说：“这可是公司对员工的福利呀。”

“关键是周末搞团建。你们公司有搞团建吗？”

“没有啊。”

短暂的交流后，HR 认为他能力不俗，决定给他一个月试用期。

第二天早上，公司举行例行晨会。领导刚讲完话，就响起激昂的音乐，一个女生上台领唱，还扭来扭去，下面列队一边唱，一边有节奏地跟着扭。那一瞬间，小伙子有点蒙：这不是十几年前的那套吗，怎么还有这样玩的？

唱罢，员工逐一振臂高呼，声音撕心裂肺：

“我要成功，成功，成功。”

“我要第一，第一，第一。”

“我要努力，努力，努力。”

……

小伙子呆若木鸡。

会后，HR 告诉他，这是企业文化，而且吃过午饭后还要搞。

“那下班后呢？”

“必须有啊。”

那一刻，小伙子恨不得拔腿就跑。

正常情况下，好的团建不但可以激励员工，也能体现企业优秀的文化与价值观，但是，变了味的团建，很难给人一种归宿感，甚至会把人逼疯。

企业文化是企业发展的关键，它决定了一个公司的性格和命运。如果企业的文化连员工都无法认可，那怎么能激发他们的动力，让他们施展才能呢？一个真正从人心出发，忧员工之忧，能够让员工在目标上统一，却在思想上自由的企业文化才更能捕获员工的心。

有段时间，一个关于企业文化的短视频很火。视频内容很简单，画面中只有一行字：“企业文化：这家企业没什么文化，只谈钱”。播放量超 10 万次，点赞量超过 2 万次，网友的留言中，获赞最多的是：“说是没有文化，看来文化底蕴还不浅啊。”由此可以看出，相较于那些高大上的口号，这家公司简单、明了、实用的语句显然更符合员工的心意。虽然这种企业文化算不上高大上，起码接地气。

任正非曾经说过：“管理的本质一直没有变，而真正拿不走学不会又是企业核心竞争力的，只有企业文化。”一家优秀的公司，其主导的企业文化之所以有吸引力，是因为其不会通过精神控制来左右员工的思想和行为，也不会与员工的需求“脱轨”，否则，再高大上也无济于事。

创造良性 PK 文化，打破“平衡态”

如果一个企业“四平八稳”，没有一点危机意识，那它可能离死也就不远了。这种现象在心理学中，被形容为“平衡态”。指一个人或团队处于非常平衡的状态时，极易安于现状，进入舒适区，最终丧失斗志。

那如何让个人或团队保持旺盛的活力与进取心呢？简单有效的方法就是 PK。PK，也是很多企业都盛行的一种企业文化。谈到 PK，大多数人第一印象就是：你死我活的内部竞争与巨大的压力。其实，实现 PK 的方法有很多，如果像电视选秀那样，在内部进行轮番 PK，对企业来说却未见得是件好事。

某装修公司的业务部有 7 位业务人员，为了激发大家的斗志，老板实行了 PK 制，谁当月拿到的订单最多，会得到额外的奖励，并有晋升的机会。由于每个业务员都有自己的客户资源，受市场局限，其中也有重叠的部分，所以，内部合作一直不顺利，影响到了整个团队的气氛。老板非常担心团队的战斗力会受影响，PK 会产生无谓的内耗。

其实，这样的例子比比皆是。成也 PK，败也 PK。有些公司不 PK 半死不活，一 PK，却死得更快。问题的关键不是 PK，而是 PK 的方式方法不当。有效的 PK 一定要避免无谓的内耗，且能够凝聚团队的战斗力。

PK 的根本目的是提升员工的执行力，进而改善企业绩效。为了达到这个目标，管理者该怎么做呢?

PK 设计不一定非要制定“非进即退”的规则，可以制定一个考核目标（根据员工能力情况，目标也可以分等级），并把这个目标明确地传达给员工，或者让员工自己设定自己的目标，即与自己 PK。在考核过程中，管理者所扮演的角色不仅仅是经理、老板，而更多的是绩效合作伙伴和员工的辅导员，是员工绩效能力提高和业绩提升的帮助者。

做到这一点，必须要学会“三步走”，从流程上解决问题。

1. 设定 PK 目标

就像射箭要有目标一样，PK 不但要有对象，也要有考核目标。和自己 PK，业绩要求必须是越来越好，与别人 PK，目标就是超越对方。在设定 PK 目标时，不能太单一，要尽可能系统化。如规定销售员一个月必须签 100 万元的订单，当有员工这个月有一部分时间忙公司其他事务，那这个目标对他来说就是不公平的。

通常，设定绩效目标要考虑以下几点：

公司的愿景、战略目标和年度计划；

部门、工作团队的任务；

员工的职位说明书；

员工以前的绩效评价；

员工未来的职业发展规划。

员工的一切目标都要服从和服务于公司的总体战略和任务，离开公司目标的员工目标是不存在的。

设定目标必须考虑其可衡量性。目标一定是可以控制的，不可控的东西不要写在目标里，那样只会导致你在实施业绩评价时陷入被动局面。同时，一定要给员工的目标一个明确的截止期限，没有截止期限的目标将使员工不知所措，容易使目标流于形式，无法考核。

另外，目标是经理和员工双向沟通和认可的产物，经理任何的单方面决定都会给员工留下为完成任务而完成任务的印象，不利于调动员工的积极性。所以设定目标时给员工一些发言的机会，双方都认可再行确定。

2. 业绩辅导

管理是一项通过他人完成工作的艺术，设定目标等于是管理者将指令传达给了员工。但这仅仅是个开始，更多的工作是如何通过经理和员工的合作来实现这些目标。

这个实现目标的过程，就是管理者扮演绩效合作伙伴、辅导员的角色对员工的业绩进行辅导，帮助其清除工作中的障碍，提供领导支持和智力帮助，使员工获得完成工作所需要的知识、经验和技能，获得提高绩效的能力。

做好员工的辅导员，经理应从以下几个方面着手：

将员工的目标放在随手可及的地方，经常性地阅读和检查；

了解员工工作的进展情况；

了解员工工作中遇到的困难；

对员工进行培训；

对员工的工作进行反馈。

辅导不是越权干涉，更不是全盘代替，而是授之以渔，教会员工做好工作的方法和技巧，让员工按正确的方法并凭借自己的努力去实现。这样做一方面激励员工的士气；另一方面锻炼员工的自我管理能力，让员工学会驾驭自己的工作。

绩效目标是辅导员工的重点，经理所有的努力都是为了帮助员工实现其绩效目标。因此，绩效目标是经理着手工作的第一材料，经理的工作绝对不可以抛开目标不管，将其束之高阁，而是应将其置于随手可及的地方，经常拿来阅读和检查，以便于尽快知道员工工作的进展情况，帮助员工进行调整和改进。

3. 业绩评价

业绩评价是判定 PK 结果的重要时刻，也是员工关注绩效管理的一个焦点所在，因为这个环节关乎到他们的晋升、涨薪、培训以及解雇等重要人事决策。业绩评价做得不好将很可能使员工的士气落到谷底。

这时，管理者怎么引导员工正确看待绩效评价与 PK 结果将在一定程度上影响业绩评价的效果。所以，要多从正面去引导员工看待 PK 结果：

PK 后给员工正式的、定期的并且是记录下来的反馈信息；

PK 结果是一个研究如何才能提高绩效的机会，而不只是现在的绩效水平；

PK 结果是下一年绩效目标的基点；

PK 结果将不可避免地涉及诸如员工的涨薪、晋升等人事决策，但它们毕竟不是 PK 与绩效评价的全部，与涨薪、晋升等人事决策相比，员工绩效能力的提高显得更为重要。

所以，对照 PK 结果，管理者必须通过面谈的形式让员工知道自己在哪些方面做得好，哪些方面做得不好。好的方面继续强化，差的方面进行调整，不断改进和提高。

也许有些员工对 PK 结果不太满意，但这不是结束，只是开始，关键是让员工树立一种观念：PK 是一种企业文化，企业会为每个员工的成长与进步创造更好的条件。

好的文化让“一群人”变成“一队人”

一个有战斗力的团队，一定会释放出很强的内聚力，这种内聚力源于企业的文化。反之，像一盘散沙的团队，非但缺少战斗力，而且也无文化可言，即使有，也是江湖文化，“算计”文化。在这种文化氛围的熏陶下，包括老板在内，每个人都是精致的利己主义者，像这样的团队是无法拧成一股绳的，自然，大家也不会心往一处想，劲儿往一处使。

所以说，一个公司的管理文化非常重要，好的管理文化，可以让“一群人”变成“一队人”；反之，“一队人”会变成“一群人”。

例如，有的公司倡导“绝对服从”“自动自发”“无私奉献”的管理文化。单纯就这种文化本身而言，似乎没有什么瑕疵，但是，我们反过来想一想：员工努力工作要的是什么？老板希望员工听话、懂事，有奉献精神，他要的又是什么？当双方的期望值不匹配，或是相去甚远时，你的这种管理文化还能贯彻下去吗？

做老板的，自然希望员工多干活，多出成绩；做员工的，希望被重视，希望付出与所得能够达到平衡。从经济利益的角度看，这是一件再正常不过的事情。但是，公司作为一个团队，如果只是靠利益来把大家捏合到一起，那跟临时从大街上拉几个人过来，说“来，你们说干一天多少钱合适？行的话，咱们大家就来搭个班子吧”似乎没什么两样。这样的团队就是一个草台班子，出问题是迟早的事。

陈某是一位销售，入职两年来，工作兢兢业业。2020年11月，他超额完成了该月的销售任务，但是，在12月，却因为两个退货订单，业绩没有达标。因为公司有规定：只有每个月的业绩都达标，才可以拿到年终奖。也就是说，他因为12月业绩不达标，即使之前11个月都超额完成任务，也一分奖金都拿不到。

他找老板说："能不能将年终奖金减半给我？毕竟12月我只差2万元的销售额就完成任务，这与全年我超额完成200多万元销售额相比，也算不上什么。"

老板拍了拍他的肩膀说："哎呀，小陈，说实话，我真的非常欣赏你，工作兢兢业业，非常努力，但是，你也知道，这是公司的制度，我不能破例，咱们一切按规矩办事。"

陈先生觉得老板不近人情，非常伤心。他决定拿到当月工资就走人。

在这个案例中，老板做错了吗？从道理上讲，似乎没错。那就是陈先生错了？好像他的要求也合情合理。那问题出在哪里？这要从两个方面来看。

首先，老板按照公司规定来做事肯定没有错，但是，他忽略了人性，只把员工当作"打工仔"，对自己有利的，一律按照规矩办。所以，当陈先生为自己争取利益时，老板会以"公司规定"的理由来拒绝。

其次，陈先生主动争取年终奖，是希望老板能特事特办，给出一种人性化的解决方案。毕竟，法理之外不外乎人情。但老板"原则性"很强。

无论从哪方面看，这家公司的管理文化是：制度说了算，不讲人情。这看似公平，其实会造成最大的不公平。管理的艺术在于平衡，制度是死的，事情是活的。作为领导，如果在一些事情上无法给出让员工心服口服的解决方案，那么公司的一切所谓的制度，对员工来说，只不过是束缚他们的绳索罢了。

在很多公司都有这样的现象：老板定下了规矩，大家都按规矩来，人与人之间，人与团队之间，表现为赤裸裸的利益关系，一切行动都以利益驱动，人与人之间的利益边界划得十分清楚。要说这样的团队没有管理文化，也不对，要说有文化，那就是“金钱至上”文化。在这种文化氛围中，团队成员之间只会为利益各自为战，很难产生向心力。

优秀的团队，虽然也注重以制度管人，但是在制度之外，还注重人情，注重情怀，注重价值感……说到底，就是在硬制度之外，还要有有温度的管理文化。相较于不近人情的制度，好的管理文化更能激励人、改变人、成就人。

那么，如何建立优秀的管理文化呢？关键要抓好三个点。

1. 管理要能提升团队精神

在管理中，要倡导团队精神。团队精神就是团队成员共同认可的一种集体意识，是显现的团队成员的工作心理状态和士气，是团队成员共同价值观和理想信念的体现，是凝聚团队、推动团队发展的精神力量。团队精神是员工思想与心态的高度统一，是员工在行动上的默契与互补，是“小我”与“大我”的同步发展，是员工之间的互相宽容与理解。

一个具有团队精神的团队，往往显示出高涨的士气。团队成员对团队具有强烈的归属感、责任感，衷心地把自己的前途与团队的命运联系在一起，愿意为团队的利益与目标尽心尽力。

2. 管理要照顾到团队情绪

好的团队情绪，即指成员之间相互信任，能够坦诚、开放、平等地沟通与交流，人际关系和谐，成员身心愉快，参与愿望强烈，工作中充满了热情与活力。优秀的管理文化，一定会照顾到团队情绪。例如，在团队发展过程中遇到困难与挫折时，管理者能够激发大家的斗志。平时，管理者要善于创造良好的工作氛围，让团队成员愉悦相处，并享受作为团队一员的乐趣。需要注意的是，在强调团队情绪的过程中，要杜绝压制个人的自我完善与发展。

3. 管理要能提升团队效率

有效率的团队，有这么几个特点，即目标统一，分工明确，权责分明，办事积极果断。好的企业文化一定是积极向上的，能够不断提高员工的能力、素质与觉悟，让整个团队弥漫着创先争优、终身学习的氛围，从而提升团队效率。

许多时候，团队成员之间之所以相互扯皮、争斗，是管理文化出了问题。好的管理文化能激发员工的使命感、提高归属感，加强其责任感，而且能使“一群人”变成“一队人”。所以，管理也要讲文化，拥有明确、伟大、可落地的管理文化的公司，才能打造“召之即来、来之能战、战之必胜”的铁军，成为一支有战斗力的团队。

文化赋能，让管理回归简单

做企业管理，就如同一个人练功夫，假如你越练越舒服，能达到身心合一的境界，那就对了。相反，如果你觉得练功夫是件痛苦的事，越练越折磨，那就麻烦大了。为什么这样说？因为你的错误越多，你就会越痛苦，越痛苦你就越容易犯错误，如果你不能从这个困局中跳出来，痛苦就是一种常态。可以说，任何的失败都是错误和痛苦不断累积的结果。

更可怕的是，处于这种状态中的人，往往会把简单的问题复杂化，结果一个小问题，会滋生出一大堆麻烦，费心费脑不说，还毫无价值。从这个意义上说，好的公司都简单，好的管理都会把复杂的问题简单化。

当然，这里说的简单化不是做“甩手掌柜”，也不是让管理成为简单的1+1，而是表现为一种追求极简的文化。即管理不要追求套路、技巧，越简单越好，越透明越好，如果说四两拨千斤是中国功夫的精髓，那么化繁为简就是管理实践的至高境界。

有一位老板，生意做得还不错，但有段时间总是眉头紧锁。有次，朋友问他为何事闹心，他讲出了实情。

原来公司有一个业务部门，是由一个叫小李的主管负责。该部门有十多个人，其中有两个人业务做得非常好，但是，这两个人和部门内的其他同事相处得不融洽。从小李那里得知，大概是其他员工嫌弃这两个人不合群，而且还总是抢他们的客户。而这两个员工也有苦衷，私下抱怨："是他们不努力，还怪我们抢客户，这分明是嫉妒啊！"

一次，小李和老板说："这样下去也不是办法，要不把这两个人调离岗位，实在不行，就把他们赶走吧，这样大家也就没那么多事儿了。"

老板听后很纠结：做事的人你要赶走，不做事的却要留下来，仅仅是为了迁就大家？如果是为了业绩，把其余的人赶走，是不是更合理？

于是，他问小李："这两个人的人品如何？"

小李说："人品没有问题，但是很有个性。"

老板若有所悟。

第二个月，他把小李调离岗位，指派了一位新主管。很快，问题就得到了解决。

原来，是小李没有尽到管理者的职责，把简单的问题复杂化，致使内部产生了矛盾。

在这个案例中，部门内部员工不团结，你争我斗，看似是员工的问题，其实是管理者的问题，是企业文化的问题。类似的情景在许多公司都存在。公司内部一旦出现问题，管理者习惯性地站在裁判者的角度说话：这个人错了，那个人对。进而把问题归咎于员工，认为处理了某个人，就可以圆满地解决问题。实则不然，你把张三赶走了，还会有李四冒出来，同样的问题不可避免。为什么？因为管理者没有成为真正的管理者。

管理，既要管得好，也要理顺，还要让文化赋能。这样的管理才会回归简单。在管理实践中，不可否认的是，有的人管人的手腕不可谓不高明，但是，理事的能力却差强人意，有的人管与理做得都不错，但是你看不到他的格局，他的领导范儿，也就是让人觉得没什么文化。这样的管理者也是难以做好管理的。有的人干脆就是是非者，本来没有事，他会生出事来，本来简单的事，他会扩大化，非要搞出个一二三来。

当然了，还有一类管理者，是典型的“机器人”，只会下死命令，他不知道“管理”是个什么玩意儿，只知道：“我说话，别人就要听。”所以，他们理解的管理，就是下命令，做好“监工”。

可以说，上面谈到的几类人都是管理工作中的“搅屎棍”，成事不足，败事有余。确实，在管理三五个人时，你看不出什么问题，但是管10个、20个，甚至上百个人时，你会发现，他们已经忙得没有头绪了。管理真的有那么累吗？真正的牛人管几万人、几十万人也没见如此之累。差别在哪里？在于管理艺术，往通俗了说，就是管理文化。

没文化就要学文化，有文化就要用好文化，管理不是过家家，你想怎么办就怎么办，它既有自己的逻辑，也有人情世故在里面，说复杂，真的很复杂，但高明的管理者，能够做到大道至简，化繁为简，“搅屎棍”们不行。优秀的管理者强在哪里呢？强在以下三个方面。

1. 能“洗干净”自己的脑子

要想把事情搞简单，先得把自己的脑子“洗干净”。如果脑子里装的都是一些是是非非，恩恩怨怨，那做事就会很想当然，主观色彩很浓。这样的人肯定是不适合做管理的。例如，有的管理者整天胡思乱想，习惯给自己树立假想敌，人为地树立敌人，激化与员工或客户的关系。如果脑子里干净，心里就不会有这些杂念，眼睛也就看不到那么多“敌人”，而会专心做一些有价值的事情。

特别是一些老板，如果心量太小，是很难把公司做起来的。道理很简单，人少的时候，你可以按自己的喜好“调教”员工，如果人多的话，你让每个人都认同你，信任你，是完全不可能的。那你怎么办？是不是每天纠结得要死，是不是每天都要忙于人事斗争？所以说，脑子不干净，简单的事情也会变得复杂。

2. 有化繁为简的本事

管理就是把复杂的问题简单化，混乱的事情清晰化，组织结构扁平化。管得少，就是管得好。所以，做管理最需要修炼的一门功夫，就是化繁为简。这样才能用最少的时间尽可能多地做好更有价值的事情。

例如，你是某家动漫公司的老总，会不会每天盯着设计师的电脑，摇头晃脑地说“这里要改一改”“哦，那里颜色要浓一点”“不对，不对，要改成那样”……管理不是控制，更不是事必躬亲，而是尽可能地释放员工的主动性、创造性，从而提升团队绩效，并降低企业运营成本，让员工与公司的利益保持一致。所以说，最好的管理就是让员工感受不到你的存在，却又能在某种氛围中做得更好。这即是文化赋能，让管理回归真正的简单。

3. 把自主权还给员工

为什么在今天越来越多的企业强调“文化赋能”，让“无为”胜“有为”？因为传统的管控模式正在失效，或是仅在一小部分企业中有效。对大多数现代企业来说，更注重提升员工的自主性，更注重与员工分享。为什么？因为人性。人人都有自我发展的充分愿望，都有创造与自我实现的内驱力。马斯洛人类需求层次理论已经证明了这一点。当生理与安全的需求满足之后，社交、尊重乃至自我实现的需求就会充分释放。尤其是人工智能时代，当人人财务自由之时，当大部分人从事的都是创造性与关爱型的工作时，驱动他们的一定是内心，而不会屈服于外部的压力。在这种形势下，把员工的自主权还给员工，让他们自组织、自管理、自驱动是最好的组织方式。

综上所述，管理是一种艺术，更是一种文化。要想让管理回归简单，就要打造浓郁的文化氛围，让文化融入日常业务中，使其为管理赋能。

经典案例：星巴克——用咖啡传递独特的“伙伴文化”

提到咖啡，你首先可能会想到什么？

对，星巴克！

当顾客坐在星巴克，品着热气腾腾的咖啡时，其脑海中会被植入一个概念：咖啡＝星巴克。如此一来，星巴克卖出的不仅仅是优质的咖啡、完美的服务，更是一种对咖啡的体验文化。所以，今天星巴克已成为“时尚”的代名词，它所标志的不只是一杯咖啡，更是一个品牌和一种文化。

在其所有企业文化中，最吸引人的莫过于“伙伴文化”了。这种“伙伴文化”并不是简单说说而已，而是深深地烙印在了每一个员工的心中。

1. 员工间没有特定称呼，只叫“伙伴”

通常，在一家公司内部，员工相互之间会有一些特定的称呼，以此来表明他们各自特有的企业文化和氛围。例如，在迪士尼乐园，大家都叫演艺人员。在星巴克，从CEO霍华德·舒尔茨到最普通的店员，相互之间的称呼都一样，即“伙伴”，而对门店之外的其他公司部门，则统一称为“星巴克支持中心”。这会给员工一种“家”的感觉，而且工作起来不那么压抑，同时，也向顾客传递了一种轻松的心情。

2.在顾客满意前，先让伙伴满意

如果某位新人即将加入星巴克，那么在他正式入职前，他会收到一份来自门店经理的欢迎邮件。入职之后，还会收到来自公司的欢迎礼包。在新员工入职的第一天，必须要做的一件事，就是与经理坐在一起品尝咖啡。通过一番轻松的交流，员工可以更好地了解星巴克。可以说，只要是在星巴克供职的员工，基本上都受到过类似的待遇。

3. 为伙伴创造最佳工作体验

星巴克始终致力于将自己打造成为一家与众不同的公司，持续为伙伴创造最佳体验。这一点，在薪资福利体系方面体现得尤为明显。为了给伙伴打造一个良好的雇主环境，星巴克也想尽了各种办法。在星巴克，每一位员工都能享受到公司的股票“咖啡豆股票”——针对全体员工发放的限制性股票，每个员工都可以成为公司的股东。这体现了星巴克注重与伙伴分享的企业文化理念，以及对员工敬业、热情及创新精神的认可。

4.伙伴可享受“父母关爱计划”

从2017年下半年开始，所有在星巴克中国自营市场工作满两年，而且父母年龄低于75周岁的全职伙伴都可以享受到一项全新的“父母关爱计划”——由公司全资提供的父母重疾保险。每年，公司为此计划要支出数百万美元。对此，公司CEO霍华德·舒尔茨认为：“我们一直坚信，最棒的成功是与彼此分享。我非常高兴能够向中国的伙伴们宣布计划，这不仅是向中国传统家文化的致敬，也是基于星巴克长久以来珍视伙伴价值的企业理念。”

5.为伙伴建立晋升通道

星巴克还为伙伴建立了完整的晋升通道，专注于伙伴投资，与他们分享公司的成功，帮助他们实现卓越的未来。每年，星巴克伙伴中有近20%的员工会得到晋升。

在星巴克内部，“黑围裙”代表着“咖啡大师”，在每条黑围裙上，都会绣上伙伴的名字。只要认真努力，每一个伙伴都可以穿上“黑围裙”。除了“黑围裙”以外，公司还有一种段位更高的“咖啡围裙”——被称为“咖啡公使”，是大师中的大师。

要成为“咖啡公使”，必须要通过严格的咖啡知识与技能的综合考评，层层闯关，最终才能进入决赛圈，并接受由星巴克咖啡专家们组成的评委团的现场评议。当选“咖啡公使”的伙伴可获得为期两年“星巴克中国咖啡公使”的荣誉称号。

曾经在网络上有人戏称：“星巴克的员工挖不走！”如此看来，这种说辞也不是没有原因的。至少，从具有这种浓郁“伙伴文化”的星巴克挖人，不是一件容易做到的事。这是因为，星巴克这种独特的“伙伴文化”，不仅贯穿在公司日常的宣传和称谓中，而且也通过点点滴滴的行动注入了每一位伙伴的心中。

如今，作为星巴克的一种标志性文化——“伙伴文化”备受好评。它让员工切实感受到了人与人之间的相互信任、尊重、包容，让工作不再是一种“任务”，这在某种程度上也使星巴克成为一家值得员工尊敬和信任的公司。

第6章

构建高效的执行文化，提升团队整体效能

要提升团队整体效能，不但要会加法运算，更要会减法运算。一个团队的整体能力并不等于个体简单的累加，一个拥有二流员工的企业完全可以做出一流的业绩，一个拥有一流员工的企业未必始终能做出一流的业绩。问题出在哪里？执行力！特别是成长型的企业，要打造一支执行有力的团队，必须先建立起一套有效的执行文化。

实干文化：执行第一，没有行动就是零

有一个著名的法则，叫80/20法则，也叫帕累托定律。用在企业运营管理中，也可以做这样的解读：大多数企业80%的绩效，是由20%的员工做出来的。这说明了一个什么问题呢？80%的员工创造了20%的绩效。是他们能力不够，机会不够好，还是从事工作没有价值？

说到底，是他们的执行力弱，是企业缺少创业精神与实干文化。这样的企业有一个共同的特点，即少部分员工创造价值，"养活"公司及另一部分员工，如此就会产生一个恶性循环：越是执行力差的员工，越会想着投机取巧，而且还过得很滋润。如果一个公司内存在这样的现象，那么就说明这个公司的文化有问题。

好多老板都清楚，自己的公司里就存在这样的员工，但是说破了嘴，还是无济于事。为什么？只会提出问题，不会解决问题，更不会带头行动，有问题让下属提方案，有困难让下属上，自己本身就缺少执行力，起不到表率作用，那想建立实干文化就很难了。

例如，有些老板三天两头开会，讲得海阔天空，句句不离"加油""努力""考核"。结果呢？该出现的问题还是会出现，大家的执行力没有提升，一个月，两个月，事情依旧会回到原点。

实干文化，就是要营造真干事、干真事的氛围。从上到下，每个人都要

搭台文化：让平台更好地成就员工

在优秀的企业中，员工之间的关系除了竞争，更多的是合作，即在竞争中合作，在合作中形成良性竞争，而管理者的角色，就是搭好台，让员工唱好戏，从而更好地成就员工。而在江湖文化甚浓，或是没有文化的企业，员工间的竞争往往是恶性的，甚至大家会相互拆台。

所以，在管理实践中，管理者一定要会搭台，这既是自身角色的需要，也是成就员工的需要，更是团队发展的需要。为员工搭建一个发展平台，会极大地激发员工的工作热情，增加他们的归属感。但是如何搭建平台，搭建什么样的平台，则要根据企业的实际情况来定。

有一家饲料销售企业，2020 年因为新冠肺炎疫情的原因，产品销量一直上不去。企业不少业务员的业绩大幅下滑，但是基本工资却没有因此减少，这使企业的财务压力倍增。为了控制运营成本，企业决定对业绩较差的员工进行岗位调整。有些员工不愿意调岗，拒绝公司的安排。

为了减少劳动纠纷，同时又能让员工充分发挥积极性，人力资源部建议：为员工搭建一个更大的平台，让他们自动自发地做好工作。为了搭建这个平台，企业分了三步走。

首先，将组织划分为三大平台。根据企业战略完善组织体系，将企业组织设立为三角形，划分为三大平台，即总部服务平台、交易平台、产品平台。

其次，对各平台、各部门及每一个岗位的流程进行梳理、精简。

最后，就是对各平台、各部门的人员情况进行了梳理，“按岗位对号入座”，并对年度目标重新梳理、分解，明确责任人；每个岗位完善“两书”，即岗位说明书和作业指导书。

这项工程也被称为“精兵简政”，在此期间，企业上上下下都付出了很多，如今万事皆备，每个员工都摩拳擦掌，欲在这个更大的平台上施展才华。

许多企业在遇到效益不好的时候，都会考虑裁减人员，而不会考虑为员工搭建一个更好的发展平台，以调动他们的积极性，充分施展他们的才能。

一般来说，管理者要学会为员工搭建如下三种平台。

1. 个人成长平台

这种平台比较适合新入职场的员工，他们有很强的可塑性，更关注个人成长与价值增长空间。为此，他们会舍弃外部薪酬诱惑。该类员工由于缺乏职场经验，自身在企业或市场中的竞争力往往并不高。

在打造个人成长平台时，要注意这么几点：企业要为员工提供更多的学习和实践机会，要做好相关的风险防范；帮助员工进行职业生涯规划，让他们看到自己的职业前景，以及自身的价值空间；等等。

2. 事业发展平台

事业发展平台，即为员工提供创业空间，能够让他们独立做事。这种平台适合两种员工：一种是有丰富能力与经验的员工，他们有能力和想法，但缺少平台与空间；另一种是虽然能力与经验不足，但富有创新精神和创业欲望，而且有一定的营商头脑。

3. 能力发挥平台

能力发挥平台，是针对那些有经验和能力，但不喜欢创新冒险，比较注重生活需求的员工。他们因为注重生活，往往不愿意承担大的风险。但这些员工并不缺少职业精神，他们愿意在工作中付出。所以，针对这样的员工，可以多为他们提供有助于发挥其能力的平台。

不论是搭建哪种平台，管理者都要清楚的是，什么样的人适合什么样的平台，否则平台错位，不但起不到用好员工、成就员工的目的，还可能让员工无所适从，或给管理带来更多羁绊。

守信文化：苛守商业道德的底线

不论哪个时代，诚信都是社会最普遍，也是最基本的伦理价值需要。古人常说："诚招天下客，誉从信中来。"在我国古代的商业文化中，宝贵的诚信传统"童叟无欺""人背信则名不达"等为世代口碑相传。这些训诫都突出了"诚信"二字的深刻内涵。在今天，不论是个人，还是企业，守信不但是立身之本，更是一种品牌。

L先生是一家企业的销售经理，他用半年时间就完成了全年的工作目标。按薪资规定，L先生可以拿到全年80%的资金提成。在发放奖金时，老板却只给了他50%。L先生一气之下辞职了，三个月后，老板希望L先生能够回到公司，并且说："薪资不成问题，只要你愿意回来。"而且还说了一些暖心话，但L先生不为之所动，心想：你现在知道后悔了，当初想什么呢？

一家企业能不能走得更远，老板的格局很重要，尤其在对待员工利益问题上，往往可以衡量老板值不值得员工追随。如果一家企业的老板不讲诚信，那他很难留住一批忠实的员工。企业要建立诚信文化，首先领导者要守信，并且能够将诚信行为融入企业日常管理、生产过程中。比如，答应员工或客户的事必须做到，所确定的目标必须全力以赴完成，所制订的计划必须有结果。如果企业管理者带头不讲诚信，甚至恶意造假，或是欺骗客户，将会对自己的品牌与声誉造成致命打击。可以说，“诚信”是贯穿企业生存发展的灵魂。

2020 年 4 月 2 日，中国最大的连锁咖啡品牌瑞幸咖啡发布了一则公告，承认进行了虚假交易，受此影响，当日股价暴跌 80%。3 天后，瑞幸咖啡发布了一份致歉声明。随后，瑞幸咖啡宣布调整董事会和高级管理层。5 月 19 日晚间，瑞幸咖啡收到纳斯达克交易所通知，被要求从纳斯达克退市。9 月 18 日，国家市场监管总局及上海市、北京市市场监管部门，对瑞幸咖啡作出行政处罚决定。12 月，美国证券交易委员会宣布，瑞幸咖啡同意支付 1.8 亿美元和解对其会计欺诈指控。至此，瑞幸咖啡财务造假事件终算画上句号。

在这次造假事件中，瑞幸咖啡遭遇了严重的信用危机，受其影响，像爱奇艺、好未来、跟谁学等多家中概股被做空机构做空，并且在资本市场产生了一系列的负面影响。

作为中国新零售咖啡的典型代表，瑞幸咖啡曾致力于做中国领先的高品质咖啡品牌与专业化的咖啡服务提供商，受到资本市场的热捧。然而，因为公司财务造假，突破了诚信经营的底线，结果只能被迫退市。

在越来越注重口碑文化的今天，诚信可以当作是个人的第二张身份证，是企业的护身符，只有讲诚信，弘扬诚信文化的个人与企业，才能被社会与市场认可。否则，一旦被贴上“不诚信”的标签，不论是在职场，还是在商界都将会寸步难行。

如今，电商直播越来越火爆。有一次，某知名网红在直播带货时，对某品牌的产品进行了虚假宣传，误导了消费者，而且直播数据造假，一时间，引起了网民的热议，这位网红也因此被推到了舆论的风口浪尖，被贴上了“欺诈消费者”的标签。对此，他只进行了一次书面道歉，网友对此并不“买账”，沉寂了一段时间后的他再次复出，但是个人品牌与美誉度却大不如从前。

“直播带货”算得上是一种销售渠道的创新，它不但可以绕过中间渠道，直接对接终端消费者，而且互动性强，所以备受一些自媒体、网红与商家的青睐。但是，不管销售渠道如何创新，诚信始终是商业伦理的底线。

所以，不论是企业还是个人，一定要倡导诚信文化，注意维护自己良好的公众形象，否则，哪怕是不经意间的一些不良行为都可能成为商业污点，给自己的生存与发展带来不利影响。

经典案例：华为——“狼性文化”的三种精神体现

从前几年开始，“狼性文化”一直是人们热议的一个词。可以说，狼性企业文化是在中国改革开放过程中兴起的一个历史性产物，而且事实也证明，这种文化在一定程度上可以提升企业的运营与管理效果，故今天被越来越多的企业所重视。纵观国内的一些企业，“狼性文化”运用较成功的当数华为公司。

华为是一家值得世人尊重的企业，它每年在研发上面的投入成本，就高达上百亿元，甚至接近千亿元。其申请专利水平更是遥遥领先同类公司。特别是近几年来，中国公司屡遭国外“卡脖子”，华为身先士卒，自主研发鸿蒙系统，表现出了与一些国际巨头一较高下的极大勇气。这都体现了华为的狼性文化。

作为狼性文化开路的先锋，20 世纪 90 年代，华为创立了一套全新的管理制度。当时，退伍后的任正非将军事化思想贯彻到了华为运营中，并成为了华为的发展根基及企业文化标准。他认为，企业要想做大做强，务必要具备狼性精神。

当然了，对于狼性文化，不同的人有不同的认识或解读。有人认为，狼性文化就是倡导“996”“007”。也有人认为，华为的“狼性文化”就是“加班文化”——因为每天即使到凌晨两三点，华为的一些办公场所依旧是灯火通明。

对此，华为公司创始人任正非给出了自己的解释。他认为，这是外界对“狼文化”的错误解读。华为根本不存在“996”，或是“007”，也不存在加班文化，拼命文化。在华为公司，狼性文化主要体现出以下三种精神。

第一种精神：超强的敏感性。

狼这种动物最大的特点是嗅觉很敏感。这种敏感度很重要，这可以让它在很远的地方就能闻到肉味，并且能够准确地找到那块肉。同样的道理，华为始终让自己保持着灵敏的商业嗅觉，不管现在的生存境况如何，都要有危机意识，都要知道客户的需求在哪儿，能知晓10年、20年后科技发展的方向。也就是说，华为对未来始终有着敏锐的认知，即对市场、对客户、对新技术等的变化非常敏感。

第二种精神：强大的团队意识。

独狼并不是强大的，但当狼以群体力量出现在攻击目标前，就表现出强大的攻击力。所以，一只狼是不会轻易出击的，狼通常会选择团队合作，故其有着非常强的团队意识。在现实世界中，单打独斗的企业也不会长久。这是一个讲究合作的时代。华为在短短数年中，从一家名不见经传的小企业迅速成长为一家跨国企业，这其中与华为的狼性团队合作文化不无关系。

“胜则举杯相庆，败则拼死相救”，团队合作是华为核心价值观的重要体现。在华为，每个人都非常优秀，如何让一群优秀的人围绕既定的目标，相互包容，相互信任，相互协作呢？靠四个字“团队精神”。

有人可能会说，华为之所以厉害，是因为其中的每个人都很厉害。其实，在这个世界上，厉害的人有很多，由厉害的人组成的团队也很多。但是，华为能够一路走来，靠的不只是冲锋陷阵的那几拨人，而是一个强大的后援团队。他们有的负责技术方案设计，有的负责外围关系拓展……一旦前方需要，后面马上就有人来增援。华为正是通过这种看似简单的“群狼”战术，将一些跨国巨头苦心经营的领地搅得七零八落，并采用“蚕食”策略，从一个区域市场、一个产品入手，逐步将其逐出中国大陆市场。

第三种精神：不屈不挠的斗志。

在狼的身上，有一个显著的特征，就是不屈不挠，不达目的不罢休。在华为，有时，一些管理人员会提出换岗要求。对此，任正非的答复是：不能换！理由是：换到其他工作岗位，即使从高职位换到低职位岗位，也会对那里的年轻人形成压制，不利于他们的成长。所以，他要求这些管理人员“死也要死在这个战场上，不行就去给这个团队煮饭”。即使是某个部门的“一把手”要退下来，也只能做“炊事员”、做后勤保障、做环境、做场景等工作。

任正非认为，他就是一个后勤保障人员，主要工作就是倾听员工的各种心声，寻找各个方面的问题，组织解决大家的困难。所以说，华为的每个员工都有非常强的斗志，不屈不挠，迎难而上的斗志，始终坚守在原来的“军团”，而不会在出现问题与困难时，选择换个“赛道”。

狼性文化的发扬不仅挽救了华为面对困难时的险阻，同时还加速了华为在全球领域的发展，任正非也顺理成章地成为了企业员工的灵魂首领。如今，华为公司获得的举世瞩目的成功，更是让“狼性文化”备受国内企业界的关注，甚至有些企业一直在模仿华为的这种企业文化。可以说，不少企业只领会了其中的皮毛，而没有掌握这种文化的精髓。要知道，华为给员工的薪酬福利待遇，在世界上都是顶级的。可以毫不夸张地说，要从华为挖走一个人，比登天还难。

当然，还有一些公司会借华为的“狼性文化”疯狂为员工“洗脑”，为员工“画大饼”，让员工接受超长的加班时间与高强度的工作负荷。其实，这种罔顾员工尊严的管理方式算不上“狼性文化”，其管理者可以说是对“狼性文化”有一个极大的曲解，没有领会真正的狼性特质。

可以说，华为的“狼性文化”不是一般企业可以学来的。因为，注重企业文化的人，会着重研究华为的组织构架和公司制度；专注高新技术发展的人，会将华为的技术研发与创新战略看作最为重要的因素；崇拜企业家的人，会更欣赏任正非个人的领导才华与人格魅力……事实上，这些方面对“狼性文化”的营造都非常重要，甚至可以说缺一不可。这也可以用来解释，为什么在众多推崇“狼性文化”的企业中，华为会成为最出色的公司之一，即这种文化的根植和发展与企业文化、行业生态、领导者的素质等密不可分。

第7章

践行工匠文化，持续深耕一个领域

『艺痴者技必良』，质量之魂，存于匠心。工匠文化既是一种对自己的产品精雕细琢的职业操守，也是一种精益求精的精神理念，更是一种不断追求卓越的企业文化。企业只有崇尚工匠精神，厚植工匠文化，才能不断培育出拥有高技能及专业精神的人才。

工匠精神就是一种企业文化

所谓“工匠”，是指有工艺专长的匠人，也是我们俗称的“大师傅”“技术员”。具体来说，就是指专注于某一领域、针对这一领域的产品研发或加工过程全身心投入，一丝不苟地完成整个工序的每一个环节的人。

工匠精神并不是舶来品，在中国也有悠久的匠文化传统，中国有句话，叫技近乎道，就是说技艺高超得已经达到了道理的程度。在《庄子》中有一个“庖丁解牛”的故事。讲的是有个厨师替梁惠王解牛，他的技术十分娴熟，解牛时刀子在牛骨的缝隙里灵活地移动，没有一点障碍。梁惠王就问他的技术为什么会如此高超。厨师说他解牛时不靠眼睛去看，而是凭借精神与牛接触，对着牛的身体结构下刀。他解牛已经 19 年了，但他的刀刃仍如刚磨过一样的锋利。

在这个故事中，蕴含了先人对工匠精神的一种古朴的理解。随着时代与技术的进步，这种精神对今天的企业来说，愈来愈显得弥足珍贵——个人需要工匠精神，企业更需要这种精神。可以说，企业的长远发展亟待匠心回归，亟待工匠精神的注入和加持，以重振市场信心，提升品牌形象。

在这方面，瑞士的制表商算得上是典范。瑞士制表商对产品的每一个零件、每一道工序、每一块手表都精心打磨、专心雕琢，他们用心制造产品的态度就是工匠精神的思维和理念。在他们看来，只有对质量的精益求精、对制造的一丝不苟、对完美的孜孜追求，除此之外，没有其他。正是凭着这种凝神专一的工匠精神，瑞士手表得以誉满天下，成为经典。

百达翡丽创立于 1839 年，是瑞士著名的钟表品牌。百达翡丽每年只生产 5 万块表，每块表售价高达几十万美元。百达翡丽的工艺极其复杂，每块表会用到 252 个零件，所有零件都是自己生产。工匠需要整整 1 年时间才能完工，而训练一名百达翡丽制表师则需要 10 年时间。在追求完美的过程中，美感无处不在，即使在看不到的表壳之下，手工打磨的连接、边角、机芯上美丽的圆形纹理，这些细微之处，也都是经过精雕细琢。

工匠精神既是一种对自己的产品精雕细琢的职业操守，也是一种精益求精的精神理念，更是一种不断追求卓越的企业文化。

在过去，许多企业注重“粗放型”发展，一味追求量，追求低成本。如今，这种发展方式已不再适应新的形势与市场。企业只有追求“高精尖”，只有更加注重品质，才能屹立于行业之巅。这就需要企业发扬工匠精神，让它成为员工成长、企业发展的文化指引。

那么，企业如何培养工匠精神呢？

1. 培养员工的职业认同感

如果员工缺少对自己所从事的职业的认同感，那么很难把工作做到极致，更谈不上工匠精神了。例如，每年都会有不少企业要招聘一些新人，但很快就会出现一小波“离职潮”。为什么？因为在选择新人的时候，没有搞清楚他们真正的职业取向。许多时候迫于就业压力，人们会出于“先找一份工作干着”的心理应聘，或者被一些所谓的“高薪”吸引，而进入一个自己不感兴趣的行业，或从事自己不认可的工作。

由此可见，要培养员工对职业的认同感，先得选对人——尽量选那些对岗位有认同感的人。在此基础上，再让他们逐渐融入其中。只有对自己所从事的职业有了认同感，并且爱上自己的职业，发自心底的热爱才会有源源不断的动力去追求专业技能的提升，才有可能谈得上“工匠精神”的培养。

2. 提升员工的职业技能

任何一个岗位，都有相对应的职业技能要求，哪怕是看似简单的保洁工作，也不例外。问题是，要把一份简单的工作做到极致，却不是简单的事，这其中需要在掌握基本技能基础上不断锤炼。

例如，在生产企业中，对于一线工人而言，能够熟悉生产流程、熟练操作方法就是基本要求；对于后台服务人员来说，能够按照上级部门的要求和基层部门的需求来完成工作就是基本要求。然而，如果只是做到这些，那离“工匠精神”还差十万八千里呢。

所以，对企业来说，需要不断地提升员工的职业技能，达到熟练的程度还远远不够，这就需要企业加强制度建设、激励措施，并且建立完善的培训系统。

3. 营造崇尚工匠精神的氛围

过去，一提到“匠”，我们很容易联想到一些靠卖手艺生活的人，并不觉得这其中暗含了某种文化与精神理念，也不觉得它能够跟“高尚”扯上关系，所以我们会习惯地说“鞋匠”“教书匠”，甚至是“臭皮匠”，其中多少也带着一些不屑，甚至轻视。如今，“匠”不仅意味着专业、精深，更代表着一种精神，一种文化符号。所以，企业要营造积极的价值引导，培养浓郁的工匠文化氛围。

在现实中，能称得上是“工匠”的不一定是企业家，但成功的企业家身上一定有工匠精神。工匠精神是一种创造的精神，一种钻研的精神，也是一种追求卓越、精益求精的文化，更是企业不断前行的力量源泉。

专注核心业务，提升核心竞争力

任何一家优秀的企业，一定有它的核心业务，除此之外，还可能涉足其他一些业务。这里的核心业务，不但是企业实现盈利的根本，也能体现企业的核心竞争力。所以，企业在运行过程中，会把优势资源投入该业务中，即企业的“聚焦”。

相比之下，有的公司没有主营业务，什么赚钱做什么，不能聚焦某一个点，并在此深耕，形成自己的优势，所以，他们不掌握核心技术，没有核心竞争力，只能随波逐流。说到底，是因为缺少深耕文化。

这就如同一个人，想在人才济济的职场中脱颖而出，但是，与别人相比，又没有太过明显的优势，对什么似乎都懂一点，但又都不是很精通，这样就很难有竞争力。改变的思路很简单：让自己拥有一技之长，不断提升自己的专业特长。如何做到这一点，唯有专注，唯有不断地“打磨”自己。

说到这里，讲一个小故事。

有两根长短、粗细一样的竹子，前一根做成竹笛，后一根做成晾衣竿。一天，晾衣竿不服气地问竹笛：“我们都是同一片山上的竹子，凭什么我整天风吹日晒，分文不值，你却价值不菲呢？”竹笛说：“因为你只挨了一刀，而我却经历了精打细磨。”

这里的“精细打磨”，体现的就是专注。没有坚如磐石般的意志，没有攻坚克难的新思路、新方法，就没有所谓的专注。

如果说，工作是修行，需要专注，那做企业就需要聚焦，只有不浮不殆，不急不躁，精益求精，才能逐渐变得强大。我们都知道，一束阳光照在脸上，我们没有什么感觉，如果用透镜把它聚焦起来，可以点燃木柴。如果让企业聚焦，也是这个道理。特别是在市场竞争中，不能想到哪里做到哪里，对业务进行无序的扩展，真正需要做的，是“断舍离”，即削减与企业核心业务无关的其他业务，以加强自己的核心竞争力。

曾经的企业比较喜欢“多条腿走路”，即进行多元化发展，不断进行品牌延伸，恨不得自己做一条产业链，把所有的钱都赚了。结果呢？走着走着，腿瘸了。因为背负的东西太多，时间一长，腿脚受不了。怎么办？把那些没有价值的东西卸掉。例如，联想收购IBM的PC业务，就从侧面反映出IBM聚焦核心业务的运营思路。IBM主要生产大型计算机，并将大型计算机品牌用于个人电脑，结果，IBM因此付出了巨大的代价。最后，公司决定将个人电脑业务低价卖给联想电脑公司。类似的案例还有索尼公司。可以说，在过去，没有什么电子产品是索尼不能生产的，虽然业务板块众多，生意看着很热闹，但是税后利润很薄。不得已，只得砍去一些非主营业务。

这并不是说，企业在聚焦某些重点业务，或是某一技术领域时，不可以发展多元品牌战略，进行品牌延伸，而是要有轻有重。例如，成立于2010年4月的小米科技公司，经过十多年的发展，从最初的手机，到后来的加湿器、显示器、键盘……可以说是无所不卖。有人不禁要问：“公司的核心业务是什么，它的竞争力在哪里？”虽然小米生产、销售的产品五花八门，门类众多，但是公司始终致力于智能硬件、智能家居以及软件开发，小米手机、米聊，MIUI是公司旗下的三大核心业务。也就是说，不管产品怎么变，核心业务始终不变，而且多元化的产品，只会丰富小米的生态链——这本身就是一种聚焦。

商业的本质就是竞争，想要在竞争中获取胜利，就必须集中优势火力打好攻坚战、持久战。所以，成功的企业都非常注重聚焦，只有聚焦才能找到对手，干掉对手占领更多的市场份额。所以，当你有着强烈的欲望和冲动去拓展新的市场，进入新的领域时，一定要先告诉自己：要保持克制。即便要进入，也要注意方式和方法。

没有专业精神，其他都是妄谈

什么叫专业精神？打个形象的比喻，专业精神就是锤子的心里只有钉子，钉子的心里只有木头。专业精神代表着一个时代的气质，代表着一种坚定、踏实和精益求精。在这个时代，做人、做事、做企业，都离不开专业精神。

尤其是做企业，最不可或缺的就是专业精神。很多时候，我们会说，做老板不必懂这个，懂那个，只要懂得用人管人就OK了。其实，我们想象中的“大老粗”，很可能是行业的顶尖人才，至少，他也是懂行的。

比如，我们看到的许多互联网企业的大佬，以及一些成功的年轻创业者，不是因为他们成功后显得优秀，而是在创业之前，就已经非常优秀了，就已经是某个行业的翘楚了，或是专家了。这样的例子，随手就可以抓一大把。

也就是说，他们可能在某些方面不专业，但是在他们擅长的领域，都是“大神”一样的存在，专业水准远远超过行业中的大多数人。这就是专业精神的体现。

作为员工，一定要有自己的专业特长，并在某些方面体现自己的优势，同样，作为管理者，也要有自己的专业技能，这样才能做一个成功的职业经理人。做老板，需要懂的东西就更多了——他们不但要懂行，而且要能看得更深更远。

有一个年轻人，一直想创业，他说自己吃不了打工的苦。但是，他有一个习惯，就是喜欢跳槽，经常是一份工作干两三个月就放弃了，每次给出的理由都是："工作没意思，也学不到什么新东西。"他先后做过文员、销售、客服、出纳，每份工作都浅尝辄止。他认为，销售就是卖东西，"没技术含量"；文员就是在公司打杂，帮领导跑跑腿，"没有前途"；做客服，就是回答客户的问题，"太闹心，以后也不会干"。

他对每种职业的理解都很浅显，甚至连基本的工作都做不到位，有时不是因为不努力，而是能力跟不上。

在上面的案例中，这位年轻人一心想着当老板，但是从他的工作表现来看，严重缺少职业素养与专业精神，做什么工作都蜻蜓点水一般，只是略知一二，简单的工作都做不好，怎么去面对更大的挑战？

做企业不能缺少"专业"二字。要做一个老板，先得成为一个"专家型"员工——有较强的专业素养与专业技能，这是最基本的素质要求。如果这一关都过不了，其他的就都是妄谈了。

优秀的企业，给人的印象永远是"专业"：人员专业、做事专业、说话专业……因为这样的公司，从员工进入公司的第一天开始，就会灌输一些专业精神与技能，如技能培训、形象维护等。每个人在自己的岗位上，都能体现出自己的专业优势，如此，整个公司看上去就很专业，在外人看来，这就是一种企业文化。

在树立企业专业形象，打造人员专业精神方面，须让全员做到如下四点要求。

一是敬业乐群：员工要基于对职业的敬畏和热爱，全身心地投入工作，尽职尽责，表现出良好的职业精神状态。

二是精益求精：所谓精益求精，是从业者对每件产品、每道工序都凝神聚力、精益求精、追求极致的职业品质。能做到基业长青的企业，无不是精益求精才获得成功的。

三是专注细节：专注就是内心笃定而着眼于细节的耐心、执着、坚持的精神，这是一切“大国工匠”所必须具备的精神特质。“术业有专攻”，员工一旦选定某个岗位，就要鼓励他们心无旁骛，不断积累优势，成为相关领域的“领头羊”。

四是创新突破：在工匠文化中，还包括着追求突破、追求革新的创新内蕴。只有热衷于创新与突破的员工，才能真正为企业的发展带来助力。

除此之外，还要注重企业的专业化管理。专业化管理，可以避免被一些繁杂事务拖企业的后腿，分散企业领导者的精力。例如，企业可以不建立自己的原料仓库，让其他专门做这方面业务的公司去搞，将需要的材料送到生产现场，形成社会供给形式。这样，企业就可以集中精力搞经营，搞生产，搞管理，搞专业，形成规模经济效益。

当然，从员工到管理人员，再到管理流程，要想处处体现专业精神，就需要一个不断“打磨”的过程。在这个过程中，管理者要带头践行好工匠文化，表现出过硬的职业道德、职业能力与职业品质，及正确的职业价值取向和行为表现。

有高标准才能实现高价值

不论是管理者，还是一线员工，很多人会有这样的困惑：每天很忙很累，但工作总是忙不到点上，出不了业绩，公司还不满意，真不知怎么改善自己的工作状态。工作的本质，是解决问题，而且是高效率地解决问题。如果一个人在工作中只知道忙，而没有解决问题，那只能说明他没有深入工作，或是在错误的地方发力。

所以，当我们忙得没有效率的时候，要静下来问问自己："我真的用高标准要求自己了吗？我是否每件事情都追求做到'刚刚好'？"

如果我们在一个岗位上工作多年，或是已经有了相当的经验积累，但仍然表现出较常人更高的水平，或是相对专业的水准，那么只能说明我们没有用心，缺少工匠精神。带着工匠思维做事，除了要注重方法与效率，更要有一个端正的态度。

很多企业都有一种不好的文化，说白了就是"会干的不如会混的"，在这样的企业，一个人能力高低不重要，重要的是会"来事儿"，你兢兢业业，有出众的表现，未必是好事，同事可能因此会排挤你，觉得你打破了办公室的"生态平衡"，对他们"享受"的这份工作构成了"威胁"，甚至上司也会给你戴"紧箍咒"。所以，这样的企业文化带来的一个恶果就是：大家要不做事就都不做事，你好我好大家好，相安无事。外在的表现就是，人际关系和谐，每个员工都很敬业，但都是表面功夫，等到关键时刻，企业却发现无人可用。这就是公司缺少工匠文化，员工缺少职业精神导致的局面。

有一家从事建筑设计的公司，老板人比较勤快，而且是位全能高手，从谈业务，到方案设计，一个人都可以搞定。公司有10多个人，其中包括2个设计师，5个业务员。每个月下来，公司获得的订单，有一半是老板谈来的，大多数员工出工不出力。

有时候，他会亲自跑工地和现场，还要修改工程书细节，每天都非常辛苦。有人不解："为什么不让员工去谈？"他说，为了保证成功率，还是自己亲自出马比较好。每次拿到订单后，他会让设计师赶快做个方案出来，设计师总是很不情愿，借口很多，什么脑子不够清醒，手头的工作比较多，腾不出时间，或者说"我都不知客户的思路，你让我怎么设计啊"。为了不影响工作进度，他就一个人加班加点搞设计方案。

有人建议：这老板做得太蹩脚，实在不行，就把那些没业绩的员工开除了吧。他说："其实他们是有能力的，刚来公司时工作态度还不错，不知怎么搞的，过一段时间后就显得很拖沓。"

"那一定是你的企业文化出了问题。"然后吧啦吧啦分析了一番，老板听后，恍然大悟：原来竟是自己的错。

之前，这个老板做事有一个习惯，就是讲究"差不多"，在工作中，他经常向员工灌输这样的思想：

"事情差不多就OK，咱们不能太较真。"

"方案的好坏要看感觉，感觉不行，你设计得再专业，也毫无价值。"

"设计这东西，需要大家共同出谋划策，设计师不能自己说了算，有成绩也是大家的。"

久而久之，员工就达成一种“默契”：老板让干什么，就干什么，而且要按老板的思路干，自己很少进行创新，或是改变工作方法。如果没有工作，就等着老板分配。有些业务员，明明可以把客户谈下来，却不主动跟踪客户，心里是这样盘算的：多谈一个少谈一个无所谓，谈成了，老板说功劳是大家的，谈不成，会被老板拿来当教育大家的典型，为什么要谈呢？

从这个案例可以看出，有什么样的企业文化，就会培养出什么样的员工。在一个企业，如果极个别员工偷懒，不思进取，可以理解，如果大部分员工“怕”努力，不努力，而且理所当然地认为，只有“安于现状”才是保险的，那一定是企业文化出了问题。通常，这样的企业不注重员工职业素养与专业精神的培养。

一个企业要创造价值，必须先让员工体现出自身的价值，特别是在今天，比以往任何时候都要更加依赖专业精神与不断超越自我、追求卓越的匠心精神。所以，企业一定要营造工匠文化氛围，使员工自觉地提升做事的标准，在工作中表现出良好的职业操守与态度，让工作为自己赋能。如此，即使再普通的工作，也能体现出非同寻常的价值，再简单的企业，也会变得不简单。

只有“偏执狂”才能创业成功

谈到“创业”，你会想到什么？是美女CEO，还是霸道总裁，抑或是年薪百万的巅峰人生？的确，现在的人喜欢谈钱，谈钱必谈“项目”，今天上班心情不爽，会寻思着“不行也整个App，自己当老板”，明天见别人发财，就想着“要不要复制一下模式，别人行，我为什么不行”。结果呢，生活要享受，工作要将就，每天除了吃喝拉撒，就是追剧、刷短视频，然后洗洗睡，做个老板梦，醒来还在想：等公司上市的时候，钟要怎么敲？

曾几何时，“创业当老板”既是一些人别无选择的选择，也是另一些人心血来潮的自我激励。创业真的那么好玩儿，那么带劲儿吗？老板真的那么好当，活得那么惬意吗？

不可否认，很多人被影视剧或现实中的一些假象所迷惑，认为“谁都可以创业，只要能抓住机会，做老板很简单哦”，“只要项目好，年薪百万也不是事儿”。其实，持这种观点的人，压根儿就不知什么是“创业”，只晓得“创业是为了赚钱”，有钱了可以买房买车，可以娶“白富美”，思维仅限于这个层次。再深层的东西，他们看不到。

创业不一定好玩，但一定会让人痛苦。不是说，你今天支一个摊，招两个人，上一点货，就算是创业了。也不是从网上拿点货，然后在朋友圈发个广告：“亲们，告诉大家一个好消息……”或是搞个直播：“家人们，请把红心点一点……”就算是个老板了。

别说创业了，就是做一件很普通的工作，做到 60 分，算合格，做到 100 分，只能算本分，只有做到 150 分，或者更高，才能算“本事”。请问，有几个人能把一件简单的事做到 150 分？99% 的人做到 60 分就已经很不错了。所以，创业光靠本事是不行的，还必须得是个近乎变态的“偏执狂”。

为什么？

因为处在这个“万众创业”的时代，大家会用尽自己的每一个脑细胞，来思考如何赚钱。做同样的事情，你只比别人多花一点点心思，或是只做到“合格”，是远远不够的，即使你认为自己做得已经很不错了，还是会被无数人“踩”在脚下。

雷军的创业故事在商界耳熟能详，大家知道他都是怎么一路走来的，如做过什么产品，服务过哪家公司，取得了哪些成就……许多时候，我们更关注他现在拥有什么，以及一些外在的带光环的东西，却不一定知道他的创业思维、做事逻辑，以及崇尚的精神理念。关于创业，在一次采访中，他曾这样说：“创业绝对不是人干的事，是阿猫阿狗干的！”

只有真正创过业的人才能深切地体会到，创业的过程就是一个不断和痛苦较量的过程。在这个过程中，既要顶得住各种压力与困难，又要解决各种意想不到的问题，还要尽一切可能将自己的能量榨干，并忍常人之不能忍，为常人之不能为。这已经大大超出了“工匠精神”对普通人的要求。

所以，要正确解读成功的创业者，一定要剥离开他们身上一些外在的东西，去认真感受，聆听他们的内心。这样才能真正理解，为什么只有“偏执狂”才能创业成功。

通常，一个创业成功的人，其身上有三种鲜明的精神特质，即精、狠、狂。这也是工匠精神在创业者身上的立体展现。

1. 精：注重对品质的追求

成功的创业者，非常注重对品质的追求，不论是产品品质，还是服务品质，都必须从99%提高到99.99%。在这种极致追求中，他们表现出超乎寻常的执行力。可以说，他们对品质的追求，只有进行时，没有完成时，产品或服务的品质只有更好，没有最好。这既是一种创业精神，也是一种工匠文化。用这种精神与文化相融，自然会为创业赋能。

2. 狠：把自己逼上“绝境”

如果有100个人创业，会有80%的人，甚至更多的人失败，其中的原因有很多，但最重要的一点是：对自己不够狠。创业成功的人都算是“狠人”。这种狠，更多的是被逼出来的。只有把自己逼上“绝路”，才能最大化地激发自己的潜能。如此看来，很多成功的创业者，其实都是绝处逢生——挺过去，就成功了；挺不过去，就死在半路上。而大多数的人自律性差，对自己也不够狠，更不会逼着自己去努力，所以无从体验这种绝处逢生的感觉，也难以提升人生的境界。

3. 狂：善于进行自我激励

成功的创业者不只是狠人，更是狂人。为什么这么说？因为创业有时需要狂妄一点，霸道一点。例如，马云创立阿里巴巴时，他口出“狂”言：要让天下没有难做的生意。当时，很多人听了觉得是胡话。事实上，他在一定程度上兑现了自己的诺言。你不狂，不足以激励自己，不足以触及人们的“痛点”。当然了，狂也是需要资本的，至少在自己的认知领域，要能大胆地提出独特的、“雷人”的观点，或是保持特立独行的做事风格，而不是狂傲不羁，说胡话，瞎搞事情。

综上所述，要让工匠文化为创业赋能，创业者必须先成为“偏执狂”——一个“偏执狂”，带着一群“偏执狂”行动，要么成为行业标杆，要么成为垃圾，没有其他选项。

经典案例：格力电器——用工匠精神打造每一款产品

有一句广告词，大家耳熟能详，“好空调，格力造”。说到空调，很多人头脑中立马会蹦出“格力”“董明珠”，为什么？因为品牌“信仰”。这么多年来，格力空调之所以能成为人们信赖的品牌，与企业始终秉持的工匠精神不无关系。

珠海格力电器股份有限公司为了实现“好空调，格力造”这个口号，从产品研发、生产、销售、服务等方面入手，使用了一流的生产环境，一流的生产线，一流的生产工艺。可以说，企业在空调科技方面付出的努力与成本，不仅外行人想不到，就连行内人也不能理解：“做生意是要赚钱的，这样不惜血本投入，将来会赚钱吗？”虽然在研发方面投入了巨量资金，但是，格力通过不断创新，严把质量关，赢得了良好的口碑，从而使企业的净利润一直都处于行业第一的位置。

公司董事长董明珠不但要求格力践行“自主创新”理念，而且还要求公司须“恪守工匠精神来研发产品”。这也是让格力品牌名扬天下的一个重要原因。

格力对质量的把控非常“严苛”，并制定了与质量密切相关的“格力标准”。为保证精工品质，格力自立的标准比国家标准和行业标准都要高，甚至对一些细节的处理都非常严格。

比如，格力研发团队在研发某款电饭煲的过程中，为了使米饭的口感更佳，3年用掉了约4.5吨大米；为了保障家电产品的性能，经常到各地去煮饭；分析研究不同米种在不同蒸煮温度下的营养成分和参数变化，得出的“升温曲线”多达上百条。

格力用工匠精神打造每一款产品，将企业文化融入产品里面，让别人无法模仿，真正做到独一无二。谈到“工匠精神”，董明珠说：“大部分人认为工匠精神就是把一个产品做成极致，这确实是工匠精神。但怎样把产品做到极致？更重要的是心态——你的心中具有工匠精神，你的产品就一定能做成功。”

正因为工匠精神已经深入人心，甚至成为企业的一种文化，所以，董明珠对企业未来非常有信心：“格力从空调转型到智能装备，仅仅3年时间，产品已经覆盖到生活电器、手机、工业机器人、智能装备等多个领域。格力电器将会始终坚持专业化的管理、专业化的研发、专业化的生产，格力在每一个领域都要像格力空调一样——不仅做到中国第一，更要朝着世界级的目标努力。”

由此可见，格力及其产品之所以能得到市场的认可，与董明珠专业化的理念与争做第一的工匠精神不无关系。一个人，一个企业，拥有了工匠精神做支撑，才能走得更远，名声叫得更响，就如董明珠所说：“不断去探索，不断去创新，不断地向消费者提供严谨优质的产品，‘工匠精神’必将引领中国制造升级。”

第8章

厚植创新文化，不断打破思维边界

在当今高度变化的商业世界中，创新文化为王。不论你是什么品牌，要让今天的消费者长期关注、认同你，都是一件很难的事情，尤其是年轻人，可以说他们几乎不是任何品牌的『忠实粉丝』，要『俘获』他们的最好办法就是厚植企业的创新文化，持续进行创新。

持续创新，为企业发展赋能

对一家企业来说，当创新成为一种自觉意识，成为一种企业文化时，它会迸发出强大的创造力和生命力。特别是对于一些科创型企业，更需要将“创新”刻在心头，落在实处。

什么是创新？创，指正在或是已经创造了；新，指新的，不同于先前的事物，改造一件产品是“新”，提出一个想法是“新”，创造一个新的技术是“新”。所以，创新等于创造了某个与存在的一切都不相同的东西。

有人会说：“对企业而言，为什么创新如此重要？”其实，提出这个问题本身，就说明其对“创新”的认识很肤浅。其实，大到整个人类社会，小到一家企业，甚至是个人，其中的发展都是由创新驱动的。

最早苹果手机问世时，颠覆了人们头脑中有关“手机”的概念——手机不只是用来打电话的，还可以有更多玩法。在诺基亚、三星、摩托罗拉等手机品牌称霸市场的年代，手机没有触摸屏一说，甚至觉得不可理解。然后，苹果却觉得键盘、触控笔对手机来说是多余的，只用几个手指头就足够了，为什么要这些？

之后，苹果手机推出了自己的 Apple Store，用户登入 Apple Store 后，可以下载安装自己需要的软件。在苹果手机的引领下，大量 Apple 公司快速崛起，人们获取信息服务更加多样快捷。随后，“移动互联网”概念诞生，并成为许多人掘金的新的“战场”。像现在比较火的短视频运营、在线直播等新业态都是在这个基础上产生的。这么一看，你会感慨苹果的影响力有多大了。说到底，这种影响力还是源于创新。

特别是，一些科创类企业，它们要靠技术赚钱，没有技术怎么办？只能创新！在市场竞争日趋白热化的当今，只有以最快的速度推陈出新，才可能赢得市场的先机。过去，我们之所以不注重创新，是因为市场竞争没有如此激烈，企业只要专心把产品做好了，就不愁卖不出去。而现在市场需求的多样化与多变性，竞争的加剧，让用户变得越来越“挑剔”，所以，企业不但要做好的产品，还要在市场、销售、服务等多方面下功夫，而创新也应该全方位地体现在这些方面。

如果一个公司将创新精神塑造成自己的企业文化，这种精神将全方位地贯穿企业的每个部门。由此可想而知，这会给企业带来多么大的生命力和竞争力？这样的公司在市场上的表现势必是不俗的。更何况，在瞬息万变的信息社会，持续创新是企业保持持续生命力唯一的选择。毕竟，不论你是什么品牌，要让今天的消费者长期关注、认同你，都是一件很难做到的事情，尤其是年轻人，可以说他们几乎不是任何品牌的“忠实粉丝”，要“俘获”他们的最好办法就是持续创新。

要实现持续创新，让创新为企业赋能，重在要把握好“人才”“流程”“文化”三个关键的创新元素，从而营造浓郁的创新文化，提升团队的整体创新能力。

1. 积极招揽创新型人才

人才，是创新的根本。在一些优秀的公司，都有由创新型人才搭建起来的高效创新团队。通常，在这样的企业，管理者不但善于发现创新之人，而且也能用好他们，如苹果公司的创始人史蒂夫·乔布斯。在乔布斯的工作中，他总是以一种能够持续产生创新的方式在行动。他具有创新者的技能：非常审慎地观察这个世界，与各种不同的人交谈，乐于参与不同类型的实验，不断地向这个世界和他身边的人抛出引发思考或挑战现状的问题。

一般，创新型人才在工作中有这么几个特点，即勤于关联、发问、观察、交际和实验，这使他们能够获得对于新市场、新产品、新服务及突破性流程的深刻见解。

2. 建立鼓励创新的流程

在一个创新团队中，每个成员都有创新的职责。也就是说，创新的种子一定要播撒到企业的每一个人心中。每个人从进入公司的第一天起，就为更好的方法、更创新的流程、更优化的产品和服务而努力。这就要求企业必须建立鼓励创新的流程，将个体的创新能力转化为组织的整体创新力。

流程建立后，一定要将流程制度化。例如，建立诸如“五个为什么”的发问制度，引导员工在每次遇到新问题的时候，都询问“为什么”五次以上，以求揭示因果关系，并找出创新性的解决方案。再如，将实验制度化，如采用“快速原型法”，迅速制作出产品原型并获取用户的直接反馈，从而快速改进产品。

3. 秉持有利创新的文化

在持续创新过程中，企业需要注意的是：有时创新是“革命”性的，即完全颠覆了原有的企业文化。这时，企业要持一种开放、包容的态度，不要觉得它们是“不受欢迎的”，或将其扼杀在摇篮中。要鼓励创新，就要营造出能够激发员工新想法的创新文化，从而鼓励并奖励领导者和各级员工的创新想法和行为。

当然，在创新的过程中，企业不能为了“新”而“求新”，或是跟风，喊口号，一定要扎扎实实，有效、有目的地去做与自己能够结合起来的那些创新。

20世纪80年代，大卫·艾克提出了“品牌价值”的概念，同时也推出了多个品牌建设的方法和理念。在行业内被广泛认同的是品牌建设的四段里程，即品牌知名—品牌认知—品牌联想—品牌忠诚。

品牌做到知名和认知并不算困难，“恒源祥，羊、羊、羊”的广告通过在权威媒体发布一夜成名，广告也很快地形成了羊毛和产品的认知关联。

问题出现在最后的品牌忠诚阶段，恒源祥没有让消费者对品牌的认知变为认同，导致后劲不足，结果很快便被更年轻的消费者抛弃。

当然，当代的品牌比恒源祥更懂“潮流”，早就开始将品牌绑定年轻人的生活方式和情感，试图通过引起共鸣来唤醒他们的认同。

只不过，年轻人是最好的消费者却不是最好的品牌受众。

前两年主打借性别矛盾东风的品牌都取得了不错成绩，如今随着咪蒙女权主义的大厦倒塌，性别也成为了一个敏感话题。

而在生活方式营销中，支付宝广告中惯用的小资调性也在花呗广告中翻了车，消费者已经意识到这些精致包装的“消费主义”广告骗局。

这一代年轻人在不断成长，价值观在不断变化，原来支持的品牌也在被抛弃。消费者认同一个品牌并不意味着会长期认同一个品牌，这是人性使然，也是消费者成长的必然结果，只是年轻人成长速度更快而已。

所以，我们需要一个新的指标——品牌社区认同度。

激活创新动力，靠 Copy 怎么行

人人都知道创新的重要性，但在现实中，很多企业很少进行创新，或者干脆没有创新，不也活得好好的吗？于是，很多人会产生这样的疑问：为什么一定要创新？不创新行不行？

的确，在十几年前，甚至几年前，你可以模仿一些成功企业的商业模式，把生意做起来，也就是说，只要懂点“拿来主义”，就能找到赚钱的门路，甚至可以过得很滋润。这也让人们想当然地认为，只要有价值，能为企业带来利润，直接模仿就可以了，何必搞什么创新？如此一来，企业便没有了创新的动力，眼里只有别人成功的模式，只晓得如何去复制。

其实，即使模仿，也要讲究技术含量，简单的 Copy 已经行不通了。别人搞了一个新产品，受到市场热捧，你怎么复制？也许你会说：“山寨也挺好啊，至少能蹭个热度，赚一笔快钱。”现在，人们的知识产权意识普遍比以往有了很大提升，一味地山寨别人，或是侵犯别人的知识产权，甚至制假、造假，终究会引火烧身。聪明的老板不会这么做，即使真的要模仿别人，也要做适当的创新。可以说，创新决定企业的成败。

有一家生产灯饰品的企业，每个月都要推出十几款新产品，为了鼓励员工创新，老板可谓下了血本。虽然为此付出的成本高昂，但是回报却非常可观。起初，公司曾因在产品研发上投入过大，一度陷入了财务危机。当时，大家都说：“我们是一个小厂，市场上什么产品好卖，咱们就跟着生产什么就可以了。”

老板非常固执，他说：“每个产品都有它的周期，即便是一款热销的产品，也热卖不过半年，有的甚至三个月就得更新换代。特别像灯具这种产品，用户不会经常买，即使经常买也不大会选择老款。所以，为了打出我们的品牌，让产品更有竞争力，同时，也为了提升产品的利润空间，我们唯有走不断创新的路子。那种跟风模仿，小打小闹的做法，不是长久之计。”

事实证明，老板的思路是对的。经过不断创新，企业每年推出上百种新产品，这不但使公司留住了老客户，也吸引来不少新客户，企业在业界的名气也越来越大，品牌叫得越来越响，当然，利润节节高升。

在这个信息瞬息万变的时代，创新成为企业发展的“新常态”，企业要在市场中站稳脚跟，发展壮大，必须要适应各种变化，不断创新，只有捷足先登，才能获得创新溢价，在竞争中把握主动。

企业要实现真正的创新，除了要注重人才、技术的力量，更要注重激发团队的创新意识。如何从根本上激发团队的创新意识呢？可以从以下三个方面入手。

1. 唤起员工的危机意识

如今，商品不再紧缺，是真正意义上的买方市场。几乎所有的产品，都供过于求，所以用户的要求也越来越高，想要吸引用户的注意力也越来越难了。一旦用户不再需要企业的产品，或是产品根本卖不出去，那企业很可能会面对这样一个残酷的现实：关门。从这个意义上讲，自始至终，企业中的每一个人都要有危机意识。

比如，微软总裁比尔·盖茨一再告诫他的员工：“我们的公司离破产永远只差十二个月。”松下电器创始人松下幸之助也曾说：“始终拥有危机意识是使企业立于不败之地的基础。”如此伟大的公司尚且有危机感，作为普通的企业，又怎么能高枕无忧呢?

任何时候，一旦企业没有了危机意识，不懂得创新，那它面临倒下去很可能就是一夜之间的事情。市场变化非常快，尤其是大家都看好的市场，你稍不留神，就可能被淘汰。所以，企业要不断地创新，并让员工深切地感知，创新是企业的动力之源，以激发大家的创新意识。

2. 避免参与同质化竞争

仔细想一想，如果没有创新，大家都在一个层面竞争会怎样？企业只能提供同质化的产品和服务，在市场没有实现充分竞争的时候，还能赚一些利润，但当市场竞争激烈时，企业只能一步步接近亏损。

这是因为，同质化竞争会带来一个恶果，就是大家相互打价格战，打到一定时候，开始在质量上做文章，以继续压价。如此一来，不但市场会被破坏，大家都没有饭吃，而且给企业的声誉也会带来负面影响。避免同质化竞争的最好方式就是创新。例如，福特进行了生产方式的创新，发明了流水线，从而把握了竞争的主动权；脸书（Facebook）进行了产品与商业模式的创新，让人们的远程社交成为现实；等等。

3. 紧紧跟随时代的步伐

曾经的手机行业的霸主，诺基亚如今已经淡出了我们的视野，昔日的相纸行业的老大，柯达也似乎销声匿迹了……每过一段时间，总会有一些我们先前认为的“时尚”“主流”品牌，被时代遗弃，甚至真的是连一声招呼都不打。

企业要紧随技术、时代的步伐，就要洞悉当下及未来一段时间用户的需求，为用户生产更好的产品，创造更好的体验，进而不断引领行业的发展。

如果总是跟风，没有创新的意识，将会毫无优势可言，被市场淘汰也是迟早的事情。

创新就如同企业的营养液，当一个企业极度缺乏营养时，它的生命力会越来越弱，特别是一些中小型企业，拼实力自然抵不过大型企业，但创新可以让企业实现“弯道超车”。这样的例子数不胜数。当然，创新不是一个人的灵光一现，而是一群人的共创交互。这就需要企业能激活团队的创新意识，提升团队的创新驱动力。

做让客户尖叫的产品与服务

产品与服务，是一个企业生存与发展的根本。一个优秀的企业，会持续不断地进行产品或服务的创新，洞察市场需求，不断根据用户反馈迭代产品，不断满足用户日益变化的需求。

过去，我们用三年、五年的时间规划一款产品，还觉得周期太短。如今，产品的生命周期大大缩短，这么长的时间可以更换好几代产品。所以，企业需要不断推陈出新，不断创造让用户尖叫的产品与服务。

在美国的一些城市，各种汉堡店随处可见，像麦当劳、肯德基这样的快餐巨头几乎占据了整个汉堡市场，没有给其他企业留下多少空间。然而，凯立·里布曼和杰克·里巴克两个年轻人开的汉堡店却在市场的夹缝中生存了下来，而且生意做得非常红火。

有许多猜测：他们要么是增加了新的口味，要么是烘焙的方法有特色，抑或促销方式比较新颖……其实，事情没有人们想象的那么复杂：他们的产品没什么特别之处，只是比麦当劳、肯德基的汉堡小一些，被称为“迷你汉堡”。

开店之前，凯立·里布曼和杰克·里巴克曾在一家广告公司做市场调研工作。他们认为，即使一个行业竞争再激烈，也有成功的机会，关键是要有好的创意。当时，他们通过调查发现，汉堡业界有这样一种现象：许多汉堡店都争相出售大个头的汉堡，而忽略了肥胖问题对大众的困扰。如今，人们越来越注意控制饮食，有些减肥者经常只吃一部分，其余的部分丢掉。所以，他们便产生了做“迷你汉堡店”的想法。结果，生意做得非常成功，并且开了多家连锁店。

不论做什么产品，要想获得用户的青睐，都首先要满足他们的需要。即进行产品设计时，以用户需求为中心。在设计产品时，不要将自己的需求当作客户的需求，如果产品经理是主流用户的一员，情况还好一些，否则风险很大。因此，企业要认真调查，从客观的角度分析、确定目标用户群，并从目标用户群中找出主流用户需求，以此为依据进行生产。在满足用户需求的基础上，要能真正解决用户的痛点。

在互联网时代，有句话叫“爆品为王”。一款极致的，能让用户尖叫的产品是企业和产品经理的极致追求，它可以让濒临破产的公司起死回生，可以让实力平平的企业大放异彩。那这样的产品是如何被做出来的呢？通常，离不开以下几种创新思维。

1. 极简式创新：把核心功能做到极致

在人们的观念中，产品创新需要朝着更加复杂、更加高端的方向发展，满足用户更多、更复杂的需求。其实，很多产品需要向相反的方向“进化”，即要进行极简化创新。

我们经常见到这样一种现象：产品越升级，功能越多，却没有一个核心功能。这么做是为了让一款产品尽可能满足更多的用户需求。其实，这种不断增加新的特性与功能的做法，只会让产品越来越华而不实。极简创新，就是将产品的部分功能移除，突出核心的功能，并把这个功能做到极致，成为所在领域的佼佼者。

2. 迭代式创新：进行小幅度的迭代

这种创新要从用户的需求出发，找到用户的痛点，用最微小的迭代，满足用户的需求，对产品进行循序渐进的创新，引爆用户的口碑。但是，迭代并不算是微创新。微创新需要满足三个条件：一是产品性能比较稳定，而且能满足用户的正常需求；二是以用户的基本需求为出发点，而不是其他；三是操作成本要低。

3. 组合式创新：用不同的方法组合

所谓组合式创新，就是将现有的产品进行拆分，分解为多个部分，再按照不同的方法进行重新组合。比如，螺丝刀有各种各样的类型，每种类型对应不同的螺丝，如果你想备齐各个型号的螺丝刀，必须得带一个大一些的包，而通过拆分组合的方法，将螺丝刀头与杆进行分离，这样，一把杆可以匹配多种型号的螺丝头。多功能螺丝刀就是这么来的。

4. 颠覆式创新：重新定义产品与服务

简单来说，创造出一种世界上本不存在的东西，取代人们原本的使用习惯，就是颠覆式创新。电灯取代煤油灯、汽车取代马车、内燃机取代蒸汽机，这些都是妇孺皆知的颠覆式创新。这种颠覆式创新往往具备极强的破坏性，相较于前几种创新，它的成功率也较低。所以，要想在颠覆式创新中取得成绩，需要企业经营者拥有巨大的勇气。

不论是什么产品，要做到让用户尖叫，一定离不开创新思维，一定要有与众不同的“绝活”，确保你和竞争对手有差异化的东西，这样，才能把产品、服务和用户体验做到超出用户预期。

跨界创新：文化赋能品牌价值

某网站曾经发起了一个有关跨界的话题，大家畅所欲言，从炸鸡味的沐浴露，到 NASA 与乐高的跨界合作，从最摇滚的物理学家到会写诗歌的油腻中年人……其中，公认的“跨界之王”是最“不务正业”，从美学横跨到八竿子都打不着的机械学，又跨到毫不相干的战略、解剖学、生物学等众多领域的达·芬奇了，他可谓是全知全能的典范。

时下，“跨界”是一个比较流行的词语，特别是在演艺圈，似乎不跨界就啥也不是，有的从演员跨到投资人，有的从歌手跨到导演……可谓五花八门，只有你想不到，没有圈内人跨不了的界。当然，在商界也刮起了一股跨界之风，如有产品跨界、技术跨界、渠道跨界、文化跨界等，只要是你能想到的，似乎都能跨界。其实，每个人或多或少都有跨界的经历，事实也证明，善于跨界的人更容易成功。

例如，你是一位程序员，计算机专业毕业，但是你对物理、数学很在行，并且对逻辑学等也有一定的研究，那你在程序设计时，就会显现出你在相关方面的优势。创新也是这个道理。如公司生产某款产品，你有过在生产一线工作的经历，也做过销售，还做过生产管理，那让你做产品经理时，你对该款产品的认识自然会比较深刻，在进行创新时，也容易把握方向。

所以说，跨界创新就是要突破原有的边界束缚，通过不同领域的碰撞、交叉和融合，能够产生具有重大价值的创新成果。在消费升级的当下，企业为迎合消费者的多样化需求，在激烈的市场竞争中不断上演一幕幕跨界创新的“好戏”。

归纳起来，跨界创新主要有以下几类。

1. 提升品牌位势

在我们的日常生活中，饮料是一种比较常见的商品，但是，随着产品同质化的加重，消费者对产品的印象变得日益模糊，而且也正在逐渐丧失对品牌的忠诚度。这时，如果能够通过跨界，为产品注入新鲜的血液，体现产品的差异化，那么，会对品牌价值与品牌文化有很大的提升。

在这方面，比较典型的例子就是农夫山泉与故宫的联手——一个是饮品巨头，一个是文化大咖。农夫山泉通过跨界故宫文化，别出心裁地推出农夫山泉“故宫瓶”。九幅馆藏人物画作，配以通俗易懂的解读，让消费者觉得，自己喝的不只是水，而是文化。通过这种跨界合作，让传统文化更加贴近消费者的生活，使得消费者对传统文化有了更多的认识与了解，对于文化本身也是很好的传承。

2. 塑造年轻品牌

随着消费群体迭代，年轻消费者越来越注重追求时尚、新鲜、彰显自我个性的特征，对于较严肃、刻板的文化似乎不感兴趣。如果你的产品、营销表现出“严肃”“刻板”的一面，那要进行适当的文化“嫁接”，即融入活泼的元素，从而创造出一种反差萌，以塑造年轻的品牌形象。

在这方面，敦煌与王者荣耀的合作比较经典。王者荣耀从不同的敦煌壁画中提取敦煌色彩，精心打造了敦煌风十足的“飞天皮肤”，与此同时，还提出“数字供养人计划”，即从敦煌供养人历史渊源出发，号召人们通过多种方式积极参与到敦煌的保护中来。这样的创意不但新颖、有趣，而且让原本严肃的文化变得好玩。

3. 赋予文化内涵

今天，随着消费群体文化水平的不断提高，他们对具有文化内涵的产品更感兴趣。也就是说，他们不只关注产品本身的质量与功能，也关注产品的文化内涵，更注重追求精神层面的享受。所以，自主创新、创意设计和内容再开发，以及赋予某个产品或品牌以新的文化意义，成为产品或是营销创新的一大特点。

比如，有的公司与一些有浓郁历史文化的品牌合作，来给自己的产品“强行”贴上文化的标签，或是赋予某种文化内涵，以满足消费者对高品质文化产品的旺盛需求。

4. 把握流行趋势

不同的阶段，市场的流行趋势是不同的，这一段时间流行 A，过一段时间可能就流行 B。要想准确把握这种趋势，企业必须要借势引领行业发展的人、企业或品牌，作市场最流行、最热门、最能代表未来趋势的产品或服务。

例如，李宁运动品牌跨界潮服，就是服装界的一大创举。李宁运动品牌登上纽约时装周的舞台，以“悟道”为主题，在服装上印上鲜明的汉字，惊艳了全球。如今，中国文化在全球的影响力越来越大，特别是说汉语、学汉字变得非常流行。李宁运动品牌借助流行的中国文化为其赋能，并开始全球的布局。

在移动互联网时代，信息变得越来越自由、平等、快速的流通，让每个人对行业的边界发生更大的递延，如果不跨界可能已有的知识会变成落伍的。

跨界创新需要突破原有的边界束缚，经由不同领域的碰撞、交叉和融合，进而产生具有重大价值的创新成果。也就是，要从“现状—问题—解决方案”的模式化思维中跳出来，用“未来—瓶颈—办法”的思维模式去思考，进而不断自我推翻、革新和创新，而不是盲目地将几个不相干的东西拼凑在一起。

通过不断试错，实现小步快跑

创新本身就是一个不断试错的过程。它需要勇于探索，勇闯技术“无人区”，而这其中会伴随着不可预知的困难和风险，一旦出现错误将会造成一定的损失。所以，为了避免犯错误，一些企业不愿意创新，这看似是一种最保险的方式，却无益于企业的长远发展。

企业之间的竞争，说到底也是创新能力的竞争。在现实中，善于创新的企业，不但能不断突破自身发展的瓶颈，而且可以占据市场主动，创造更大的价值。而缺少创新能力的企业，多数在市场竞争中只能走低端路线、跟风路线，应变能力差，市场稍有风吹草动，就可能“伤筋动骨”。说白了，就是这些企业比较“脆弱”。反脆弱的最好方式，就是不断创新。

有个孩子参加了一个美术培训班。有一次，老师说：“发挥你们的想象力，自己画一只小狗。”过了半天，他对老师说：“画小狗太难了，我画不好。”老师看后，有些纳闷儿。原来，他一笔都没有画。平时，他画画比较认真，但这时却不肯动笔。老师说：“你不试着画，永远也不知道自己会不会啊，画错了可以改，改多了自然就进步了。”

这个孩子为什么觉得自己画不好？因为之前，他都是照着书上的图形画，出错的概率不大，但现在老师让大家凭借想象画画，他觉得自己画不好。其实，这就是他的“脆弱”之处，即他不敢面对不确定性的东西。

创新也是这个道理，你越是脆弱越害怕承担风险。我们要反脆弱，就要勇于犯错，勤犯错，早犯错，在错误中学习，在错误中进步，但前提是不要犯致命的错误。

作为企业，如何在创新过程中，通过不断地试错，实现小步快跑呢？

1. 营造容错的氛围

要获得一种新的方法、新的模式，或是新的技术，往往要经历不少波折与反复尝试，甚至要冒不小的风险。常言道：“失败是成功之母。”可以说，没有试错就没有创新。

所以，既然要创新，就要不怕犯错误，就要营造宽松的容错环境——允许失败、宽容失误，只要你敢闯敢干，为新问题、新情况提出全新思路和措施。在创新问题上，不可以按照“成王败寇”的逻辑去要求每一位创新者。

2. 明确试错的边界

在创新过程中，试错也要讲边界意识，就像是“开车不喝酒，喝酒不开车”一样，你明明知道那样做不妥，偏偏还要去做，那就是犯了不该犯的错误。对创新来说，这样的错误也是没有价值的。例如，曾经有些媒体爆料，某公司研发出一种新式发动机，这种机器不烧油，也不用电，只要加水就能运行。后来，有专家说，从理论上说，这个可以实现，但是效率非常低，而且成本极大，根本不可行。如果你是一家汽车发动机厂商，你会动用大笔的科研经费、科研人员作类似的研究吗？

试错一定要有边界意识，它包括两个方面：一是利益边界，即你可以承受的范围；二是技术边界，即你们能力的范围。否则，做不该做的事情，即使算不上大错，对企业来说，也可能是致命的。

3. 鼓励创新的思维

我们大脑有一个运行机制，叫作选择性输入。就是只听自己喜欢听的，对于我们无法理解的、反对的东西，我们很多时候会不接受。创新在很大程度上是借鉴和继承，不是天才人物的灵光一现，很多创新是不断积累出来的。

如果你是企业领导，在遇到这样一个问题时，会怎么思考：一个员工提10个方案，全部被通过；另一个员工提3个方案，被否定2个。

这是不是说前者一定比后者优秀？未必。很大的可能是，前者为了避免犯错，在循规蹈矩，而后者运用的是创新思维。这就给我们一个启示：对的东西不一定就是好的。学会试错，尝试探索未知的、新的东西，一定要改变固有的思维。因此，企业要鼓励员工带着创意去工作。

4. 积极反馈与总结

在每次试错之后，都要进行积极的反馈与总结，即要明确错在哪里，它的价值何在，为什么会出错，有没有改进的办法，等等。梳理清楚这些问题，并把它们记录下来，那下次就可避免犯一些重复性的错误，这会不断提升试错的价值。这也是不少企业鼓励科研人员主动试错的原因之一，因为他们善于做积极的反馈与总结，让每一次试错都变得更有价值。

过去，我们总是害怕犯错误，因为不犯错误，不进行任何创新，也有生意可做。今天的市场不同了，它会逼着企业不断进行创新，在这个过程中，出现各种错误不可避免。这就需要企业能够利用好这些错误。与此同时，也要控制好试错成本，这种成本不仅是指投入的时间、精力和金钱，也包括因为试错而对企业或个人产生的声誉的影响。

经典案例：任天堂——用“旧技术”持续创新

曾经，在网上有个人提出过这样一个问题：历史上有哪两件事听起来不在同一个年代，实际上却是同时发生的？

在所有的问题中，有一个问题被点赞的次数最多，它就是：1889 年，光绪帝亲政，同年，任天堂成立。

任天堂是一家全球知名的娱乐厂商，也是现代电子游戏产业的开创者。作为一家“百年老店”，任天堂基业长青的秘诀就是“创新”，而且是用“旧技术”创新。

在 2020 年新冠肺炎疫情暴发期间，不少人都玩过诸如《健身环大冒险》《动物森友会》等游戏，这也让他们对 Switch 有了一些了解。但是，这款畅销游戏机有一个被人诟病的地方，就是它的分辨率有些低。其实，这些用户可能不了解，使用“旧技术”一直都是任天堂的传统，甚至是企业文化。

在任天堂看来，利用已经发展成熟，甚至接近淘汰的技术进行重新思考，将它应用到完全不同的领域上，反而容易制造出畅销商品。可以说，这种经营理念在任天堂的畅销产品中体现得淋漓尽致。

20 世纪 60 年代末期，电子产业飞速进化，高端领域已经被其他企业霸占。任天堂开发了《大金刚》《马里奥》《光神话》《银河战士》等游戏，同时还开发了几款硬件设备，当中有一款设备叫作 Game Boy，它成为历史上第三畅销的游戏机，销量达到 1.18 亿台。

在 20 世纪 80 年代，任天堂发布了旗下第一款游戏掌机 Game & Watch。该游戏机有个特点，就是只能玩一款游戏。即使如此，销量还超过了 4300 万台，是世界上销量最高的掌机之一。而且，任天堂在 Game & Watch 上做了一个创新——十字按键。这与当时用于学习、游戏的其他掌机相比，优点是更便于操作。

它的后继者 Game Boy 也沿用了用“旧技术”创新的思路。同时代的竞争对手雅达利、世嘉等游戏厂商已经用上了彩色屏幕，而 Game Boy 的屏幕却只能显示白、浅绿、深绿和黑 4 种颜色——保证便携性与续航能力。

有意思的是，真正等到任天堂采用领先对手的新技术时，玩家反倒有些不适应了。比如，任天堂在 N64 上使用了 64 位芯片，这在当时来说，性能可谓超群了，但是市场反应平平。

在任天堂的产品中，像 Game & Watch 这种交互创新和游戏玩法的创新很常见。比如，火爆朋友圈的 Labo 纸盒、健身环，以及 AR 游戏《马里欧赛车》等，都没有使用多么先进的技术，只是对原有的技术进行了创新应用。

在现有技术基础上创新，并且不断创新，也是任天堂的一种企业文化，即使是在手游席卷全球，App Store 和 Google Play 手游类营收节节高升的时代，任天堂也从未改变。也许这与任天堂作为玩具厂商的经历有关，毕竟对于一款玩具来说，重要的不是技术，而是要足够好玩。

第9章

玩转粉丝文化，赋能"粉丝经济"

『粉丝经济』的出现绝非偶然，它是顺应时代的产物：在互联网时代下，光有品牌不行，你的品牌还要有粉丝。特别是在品牌泛滥的当下，只有拥有粉丝的企业，才能活得长久。故企业要营造健康的粉丝文化，通过运营将粉丝盘活，并使其为自己的生态圈赋能。

网红时代，更需要流量思维

人与人之间最大的区别，或许就是思维方式的不同。思维方式不同，做事的方式就不同。一个老板如果想改变自己的状态，必须先改变自己的思维方式。特别是其在抱怨生意不好做，钱难赚的时候，要多拍拍脑门想一想："是不是我的思维出了问题？"

许多时候，不是生意难做，而是你的思维没跟上。在这个网红时代，做生意必须要有流量思维。你不一定非要成为网络大咖，要圈多少粉，要去搞直播，但至少得清楚：有流量才有生意可做。怕的是，脑子里没货，还不愿意学，不愿意改变，整天痛苦得要死。那样的话，天下就真的可能没有生意可做了。

A先生在餐饮行业干了七八年。2020年8月，他决定再次创业，在某省会城市开一家米粉店。经过前期的市场调查，他发现当地的米粉店非常少，一碗米粉的价格在15元左右，而且销量都还不错。这更坚定了他创业的信心。

他走街串巷，开始寻找合适的门面。很快，就找到了一个中意的旺铺：在一家大型超市的就餐区，人流量非常大，当然租金也不便宜，30平米的面积一年租金要30万元。就在他纠结要不要租下来的时候，朋友给他算了笔账：

"一年租金30万元，分摊到每个月才25000元。一碗米粉的利润按10元算，平均一天卖200碗，一个月就能赚6万元，扣除租金、人工成本，还是比上班划算得多啊。”

A 先生一想，这话没毛病，做生意不就讲究地段嘛，于是就把这个店面租了下来。

很快，他的米粉店就开业了。

刚开始，为了做活动，他一碗米粉只卖 8 元，还送一罐饮料，算是赔本赚吆喝，即便如此，一天的销量也不过 200 多碗。促销活动一停，销量直线下跌，一天只能卖出七八十碗。

他苦苦支撑了三个月，最后只得关店，并把它低价转让出去了。

在这个案例中，A 先生一直在用传统的思维做生意：开店一定要找人流量大，地段好的旺铺。这种想法本身没错，毕竟位置偏僻，人流少的地方，赚钱机会更小。但是，如今是互联网时代，线下生意越来越多地搬到了线上，人们不再青睐线下的重资产模式，而是注重线上流量。

如果你的招牌过硬，在线上有一定的美誉度，即使把店开在犄角旮旯，也会有人慕名而来，甚至排队排到你怀疑人生。

3 前年，侯先生开了一家炸鸡店，他打出的口号是“做史上最强的炸鸡”。从开业那天起，生意就好得不得了。他的店开在一个类似城中村的地方，面积只有 10 多平方米，租金一年 2 万多元，装修一般。平时，店外总是排着长长的队伍，而且外卖小哥也在催促个不停，三个店员从早忙到晚，连喝水的工夫都没有。

侯先生主要做线上销售，价格不高，一天平均卖 200 多单，好的时候卖 300 单左右，每个月的净利润有十几万元。如今，他已经开了 6 家分店，而且每家的生意都非常好。

他成功的秘诀是什么呢?

侯先生说:“在开店之前,我是一位美食博主,那时我的微博已经有100多万个粉丝了。开店后,我又在抖音开了直播,两年的时间,粉丝量就涨到了200多万个。可以这样说,是这些粉丝支撑起了我的生意。”

侯先生的店面地址算不上是旺铺,但生意火得一塌糊涂,为什么?因为流量思维!特别是,在餐饮行业,只要你线上营销做得好,把自己的名气“炒”起来,生意便不请自来。特别是一些网红店,赚钱就是这么简单粗暴。

互联网时代,流量为王,流量就是钱。谁有流量,谁就不差生意,有流量的网站能卖广告,有流量的主播就能直播带货。如今自媒体已非常发达,每个人既是信息的接收者,也是信息的传播者。这也是线上生意为什么越来越火的商业逻辑:我们在就某人某事分享自己的切身感受时,也会潜移默化地影响更多的人来关注。这种互动性与连锁反应,会持续在兴趣群体之间发酵,让信息的传播更具影响力。

当然,流量的变现非一蹴而成,每个环节都需要精心策划、用心运营,它就如同树上的果实,需要经过前期的播种、施肥、浇水……才能被收获。

为目标人群“画像”，不迎合所有人

在网络时代，流量是做生意的根本，一定意义上说，做生意就是做流量。但仔细想一想，这句话也不全对，因为很多流量是不可能变现的，人多是热闹，但没有生意可做也很常见。例如，有网红直播带货，直播间上有 2 万多人，但成交量只有区区几单！让人大跌眼镜，是消费者太理性，还是货品太差？都不是。是定位出了问题——在错误的时间，用错误的方式向错误的人群出售错误的产品。卖东西，一定要找真正要买货的人才行。

特别是在互联网上，在增加个人辨识度的同时，要做好粉丝群体的定位，对哪些粉丝是潜在的变现对象，哪些粉丝是“过路粉”，自己要找哪一类粉丝，他们在哪里等要有清醒的认识。毕竟，你不是春节晚会，不是综艺节目，老少咸宜，会吸引所有人来观看。你只要弄清楚定位和受众群体，粉丝自然而然就会来关注你。

郝某人长得很一般，你把他丢到人群里，人们也不会多看一眼。他时常到外地出差，遇到陌生人，对方经常会说：“哎哟，好像在哪里见过你似的。”

他平时的社交活动比较少，人脉圈也不算大，从早到晚，基本都在家里。即使现在出门，也是经常戴着口罩。为什么总有陌生人会觉得与他似曾相识？因为个人辨识度。

郝某是一位网络主播，他擅长烧菜做饭，三年前开始做美食方面的短视频，现在每周还要直播三四次，拥有200多万个粉丝，也算是一个小网红。他虽然看上去是个“宅男”，每月收入却有10多万元。他长期研究各地的美食，以及美食文化，并把它们制作成短视频。由于他的讲解语言比较幽默，观点犀利，很多喜欢美食文化的年轻人都粉他。

不论是做哪一行，产品或服务一定要满足特定人群的需求，才会有市场，所以这类人就是你的粉丝群体，就是根据自己所从事的行业、产品或服务，去定位相对应的对自己的产品项目或服务相关联的粉丝。

例如，你想找一些做护肤品的代理，那你在做粉丝定位时，首先应该想到的是优秀的宝妈们。一般来说，这类人群不但有时间、精力，也有一定的学习能力，只要稍加引导与培训，很快就会看到结果，因为这类人群学习力强，有足够的时间和精力来做这件事。再就是，二三十岁的职场女性。这个群体都喜欢在学习和工作时间之余，兼职做一些事情，来挖掘自己的潜力。

在定位好粉丝群体后，下面就要考虑去哪里，以什么方式去寻找粉丝，即当你清楚自己想要什么类型的粉丝后，就要考虑去什么地方，采取什么手段去找粉丝。

如今，人们习惯在不同的网络平台上获取信息，所以，你要寻找精准粉丝，就要到这些网络平台，根据网络平台的属性不同，来找到适合自己的平台。比如小红书是宝妈和时尚女性的聚集地；豆瓣是文艺青年、电影爱好者的阵地；抖音是大众娱乐的平台；知乎是专业人士的领地。除此之外，还有一些行业圈子、社群等。

在了解了这些后，再根据你的产品或服务，选择和你的目标客户调性匹配度高的平台，了解目标客户的喜好，并制作有价值的相关内容，然后进行持续输出，从而吸引你的目标客户。

不论是线上还是线下，不管是社交电商还是实体店，也不管我们做的是什么产品，我们的客户一定不是所有人，而是特定的一群人。如果这群人找错了，吸引到一些“僵尸粉”“过路粉”，那便很难进行流量变现。

通过超级体验增加粉丝的黏性

在“得粉丝，得天下”的粉丝经济时代，不论是个人，还是企业，都在通过网络“疯狂”地吸粉，同时又伴随着大量掉粉，为什么？因为粉丝黏性不足。

我们经常见到这样的现象，有的主播有上百万粉丝，但无法实现盈利，所以，会把账号转让给别人。之所以这么做是为了及时止损。道理很简单：粉掉得非常厉害，维护账号也需要付出一定的金钱、时间成本，如果不进行维护，最后可能变得一文不值。

具体来说，该如何吸引并留住粉丝，有效增强粉丝的黏性呢？

1. 提升内容质量，增加粉丝停留时间

不论是做短视频，还是做直播，都必须坚持一个原则，即内容为王。也许你可以借助其他的技巧达到涨粉的目的，但是要提升粉丝的黏性，一定要靠内容。

用户要关注你，有一个前提，即他们在你的账号上停留一段时间，不会一滑而过。通常愿意在你的账号上花时间的用户越多，粉丝越多；粉丝停留时间越长，忠诚度越高；忠诚度高的核心粉丝数量越多，商业变现能力越强。

那如何提升内容的质量呢？有两个方法。

一是保持内容垂直性。保持内容的垂直性，是为了吸引专属用户。例如，B站的会员答题，就是为了过滤掉那些没有价值的用户。对于短视频创作而言，也是如此。内容制作不垂直的账号，或者说短视频内容杂乱无章，很难吸引到用户。保持内容的垂直度，可以减少用户的选择成本，增加用户的黏性。

二是持续稳定的输出。持续稳定地输出优质内容才能吸引更多忠实用户，即除了要保持内容的垂直性，以长期提高用户黏性之外，还必须保持稳定的创作内容输出，吸引更多忠实用户。那怎么做才算持续稳定的输出呢？首先，内容的更新时间要稳定且有规律。你今天发布了一个视频，点击量还不错，用户期待你下一个视频。结果呢？半个月过去了，还没有更新，用户就可能把你忘了。其次，就是保持内容质量的稳定，差别不要太大。不要因为有的作品要上热门，就精心制作，而其他的就很随意。

总之，要围绕一个品类，一个群体需求，一个固定人设，持续稳定输出垂直内容，只有这样，吸引来的用户才会因为我们稳定的内容输出喜欢我们，关注我们。

2. 优化内容文案，感染粉丝情绪

要让观众活跃起来，文案和内容一定要有吸引力，且能引发观众的积极评论。比如，做视频主题时，可以讲一些关于某些产品的深度评测，从而让用户发表观点。当然，也可以发一些有争议的舆论话题，或是通过同理心引起观众共鸣的事件，如职场故事、家庭矛盾等。生活中常见的事件，都可以拿出来让人们讨论。

说白了，就是内容文案要能抓住人性的弱点，如好奇、恐惧、痛苦、骄傲、懒惰、愤怒、贪婪等。

3. 给予及时回复，增加粉丝互动

观众写了评论，或是发来了私信，作者要积极与观众进行互动，促使观众对你保持好感，吸引他们持续关注自己。虽然大家互不相识，但用户还是很希望自己发表的评论和私信能得到回复，而且回复越及时，用户体验感就会越好。

对于一些重要的评论，一定要优先回复。如果粉丝少，可以逐条回复，如果评论多，可能是成千上万条，那一定要筛选一些重要的评论，优先回复。这样挑重点才能维护粉丝，加强与粉丝的联系。

4. 筛选优质粉丝，创建用户群

这也是一些公众号、自媒体账号通行的做法。现在很多 App 都支持自建粉丝群。这样，作者就可以通过建群，与粉丝分享生活、专业知识，或者发起话题讨论等，大家可以在其中畅所欲言。长此以往，群里会逐渐沉淀一批高质量粉丝，形成更好的交流气氛；创作者也可以根据粉丝在群内的活跃表现进行精细化运营，从而发展出更多变现可能。

有句话叫，“你若盛开，蝴蝶自来”“家有梧桐树，引得凤凰来”。说到底，提升粉丝的黏性，要靠提升自己的创作能力和水平，要言之有物。只有让你的作品给人一种不吐不快的冲动，大家才有参与的欲望，才会留下自己的评论，如此，粉丝的黏性就增加了，留存率就提升了。

要能够和年轻人嗨到一起

过去有无数新鲜的营销玩法，让我们眼花缭乱，但是近几年，营销有一个有趣的变化，就是好多产品不是从需求出发，而是从年轻人着手。特别是随着以“95后”“00后”为代表的年青一代消费群体成为消费的新主力，这使得所有的商家，使出浑身解数力求与年轻消费者建立起沟通和联系，拉近与新消费主力的距离，并与他们嗨到一起。

《跨次元新星》是爱奇艺推出的虚拟人物综艺节目，自上线以来，获得了国内外媒体的广泛关注。留歌Amy、PAPA、十火，以及叭嗒App的虚拟偶像代言人Mio酱等30多位参赛选手，深受二次元用户的喜爱。通过这档节目，爱奇艺也进一步多元化了对泛二次元用户群体的内容服务。

爱奇艺动漫深入洞察用户需求，准确把握年轻用户群体对动漫、游戏、宅舞、国潮等元素的喜爱，在为用户带来诸如《航海王》《名侦探柯南》《数码宝贝》等经典版权动漫的同时，又相继上线了《有药》《邪王追妻》《神武天尊》等优质自制动画及轻动画作品，继续加码线上动漫内容。

在2020年，爱奇艺对动漫游戏嘉年华线下活动进行了全面升级，聚合行业优质动漫游戏资源与原创自制动漫游戏资源、精准洞察泛次元用户喜好、探索多元化交互形式，通过综合漫展、动漫音乐会、主题展三大模块的核心布局，营造了一个极具体验感的多元化实景娱乐活动现场。

这一年，爱奇艺动漫游戏嘉年华总共举办了6场综合漫展、2场主题展、1场校园展，其中“爱奇艺‘我想见你’二次元公益云演”首次在线上将二次元粉丝的喜好融入歌舞、配音、声乐等表演形式，击打粉丝记忆深处细腻的情绪。

爱奇艺充分发挥自身“品牌力＋生态力＋潮流力”的独特优势，以组合拳的方式打造了一场平台与用户间“好玩且潮”的互动盛宴。

如今，物质与文化极大丰富，这也给了消费者更多的选择空间。选择过多意味着商品信息超载，以至于更年轻的消费者不再信任广告，而是根据自己的兴趣、价值观和态度作消费决策。于是，商家开始以和消费者平等对话为目的，与消费者进行更频繁、更有创造力的交互。这也是爱奇艺推出这一系列节目或活动的目的所在——要和消费者，特别是年轻人玩到一起，聊到一起。这种“玩法”的最大特征是“放下身段”，其次在情感、价值观、态度上更加迎合年轻消费者的兴趣。

在实际运营中，要增加活动对年轻粉丝的吸引力，关键要做好两点。

1. 注重多元化的文娱内容

年轻的用户群是当下文娱内容和服务的消费主力军。他们崇尚以精神消费驱动的实体消费，能接受高溢价的商品和服务。在这一消费市场需求的驱动下，各大企业、视频平台等都在通过内容的多元化创新来吸引这部分用户的目光。

所以，越来越多的营销内容开始注重内容形态的多元化创新，尤其是短视频内容，更加注重内容在观众中的渗透力和影响力。异想天开、妙趣横生的创作方式，不仅能吸引众多网络人群的关注，也把新鲜有趣的话题巧妙地通过它们实现“病毒式”的高效传播。

例如，爱奇艺凭借其在内容输出上的专业优势，不仅储备了各种类型的内容IP，也能创作一些高效、优质，且极具观赏价值的网剧作品和创意短视频。

除此之外，流行元素和内容IP进行了融合，如当下热门的VR技术在影视作品中的运用，实现了虚拟与现实的交互传递，打造出了360度沉浸式传播模型，极大地丰富了观众的视觉体验，也让品牌商在内容情节中的呈现更自然、更真实、更有品质感。

2. 和年轻人建立情感联系

品牌年轻化，并不只是意味“时尚”和“潮”。想要真正吸引年轻人，更重要的是能深刻洞察他们的需求，输出能够打动他们内心的内容，与之建立深刻的情感联系。

例如，联想小新与潮玩界的POPMART泡泡玛特携手举办了一场名叫“潮玩奇妙夜”潮流文化盛典。在活动中，不仅有各路潮玩大咖与众多年轻人狂欢互动，联想小新还发布了全新标识（ICON）和联想小新首套公仔，并联合泡泡玛特推出了史上首款限量版3C潮玩盲盒。一系列新潮有趣的活动内容，拉近了与年轻人的心理距离。

随着年轻“Z世代”消费力量的崛起，各大品牌纷纷开始尝试“破圈”。但是，许多品牌的做法仅仅是达到了“形”的贴近，只注重形式，缺少对年轻人心态的真正融入，从未入圈，又谈何破圈？品牌培育更多的年轻粉丝，必须要真正做到与年轻人玩到一起、生活在“同一个频道”。就像一句歌词唱的那样：“一代人终将老去，但总有人正年轻。”年青一代的消费观深刻影响着消费市场的未来走向，只有能和他们真正玩在一起，一个品牌才能不断焕发出新的活力。

打造个人 IP，让粉丝量爆炸式增长

在新媒体时代，坐拥百万甚至千万粉丝的号召力已经不是大牌明星的特权了。随着网络直播行业的兴起，个人 IP 的商业价值开始显现，已经有越来越多的人群开始加入打造个人 IP 的行列中来。当然，这个世界竞争这么激烈，随便一个事情都是几千几万人和你竞争，你不努力，不做个人品牌，你怎么能把握住机会呢?

简单来说，打造个人 IP，就是将一个人自身特点放大，并“标签化”，然后利用某些特定的渠道进行推广宣传，拥有一定的“粉丝”影响力之后，再通过提供某项服务实现盈利。

“口红一哥”李佳琦可谓是当下红得发紫的网红，他有着超强的带货能力，经他推销的商品经常会卖断货。他的带货能力有多强？只凭一句“Oh my god!”就可以让一款口红脱销。一次直播，试色 380 支口红，5 个多小时，带货 350 多万元。用 2 个月的时间，抖音涨粉 1400 多万人。在淘宝直播间和马云 PK，以 10000:10 的成绩完胜。

要知道，他不是富二代，也没有显赫的背景，从月薪只有 6000 元到月入 6 位数，他只用了三年时间。三年里，他都在做什么？用他的话说，就是三年的时间全部扑在工作上，全部用在直播上。直播结束后，他还要和团队的小伙伴开会，研究今天晚上什么东西卖得最多，为什么今天这个卖得好，为什么那个卖得不好。为此，他连睡觉的时间都很少，几乎天天都在做直播。

可见，“轻松有趣”的直播背后，是拼命的努力。这或许才是李佳琦能建立个人超级IP的原因吧。概括起来讲，他成功的核心逻辑就是，“热爱+天赋+关注痛点+把握需求+选择平台+坚持”。这对我们打造个人IP有很强的借鉴意义。

1. 从心底里热爱所做的事

李佳琦在大学毕业后，就去欧莱雅做美容顾问。因为很多顾客并不愿意直接试色柜台的样品口红，于是，他就用自己的嘴巴为顾客试色。因为他非常热爱这份工作，把自己的全部精力和时间投入工作中去，所以，他的进步很快，并多次荣获公司的销售冠军！可以说，没有谁会不喜欢自己的工作，而成为行业的佼佼者，但只有热爱，才可能创造出非凡的结果和成功。

2. 发挥好自己的天赋

每个人都有自己的天赋。所谓的天赋，就是做某些事情的时候，不需要费太多心思，却能比别人更轻松。那李佳琦的天赋是什么呢？那就是他出众的口才，可谓出神入化，自成一派。一句“Oh my god”，“买它买它就买它”，简直让人没有招架之力！除此之外，他对美妆、对口红有相当深入的研究，这也是非常人能做到的。

3. 有效解决客户的痛点

美妆市场有几个特点，如品牌比较多，鱼龙混杂，且质量参差不齐。具体到口红，色号质地众多，消费者甚至根本不清楚自己用哪款更适合，加之消费者的需求越来越个性化。李佳琦通过直播，很好地解决了这几个痛点。

在直播中，他会亲自试色，并给出自己的方案供大家参考。这样就拉近了与消费者的距离，让产品与消费者产生了链接。

4. 把握住市场的需求

美妆市场是一个非常庞大的市场，而且每年的增长率都很高。横向对比其他行业，美妆依然是零售界的“高光行业”。特别是近几年，直播给整个零售行业带来了新的增长点，美妆行业尤为明显。明星仿妆、美妆教学、口红试色……无一不是通过直播达到最佳效果。而李佳琦正是把握住这种市场需求，通过个人努力，一举成为现象级网红。

5. 选择适合的平台

什么是适合的平台？说白了，就是与自己最搭调的平台。最早，李佳琦是在淘宝直播上取得了成绩，成为了网红之后，才开始登陆抖音、快手等平台。每个人的定位不同，属性不同，类目不同，一定要根据自身的实际情况确定你的首选平台。

李佳琦的成功绝非偶然，他的经历完美地诠释了在互联网时代，普通人打造个人IP，实现逆袭的最佳路径。可以说，只要你自己的兴趣、爱好、天赋、特长持续展现出来，再加上不断努力，就有成功的机会。

从现在起，积极行动起来吧，没有个人品牌的人没有未来，一切不能为打造个人品牌累积的行为都是浪费时间！

经典案例：名人带货——直播不是孤立的卖货行为

两年前的2019年，被称为“直播带货”元年。这一年，庞大的用户群体催生出各种带货新模式，“直播＋电商”“直播＋旅游”“直播＋电竞”等各种“直播＋”异军突起。2020年，在疫情时期，直播带货越来越主流化。玩直播带货的不再只是网红主播，越来越多的网红、明星、名人加入直播带货队伍，期望将自己的IP变现。从销售业绩来看，有的人赚得盆满钵满，有的人则接连“翻车”。

知名财经作家吴晓波，在第一次直播带货前，曾自信满满地说：“车轮子都卸了，这场直播肯定不会翻车。”

为了做好这场直播，他做了一个多月的筹备，他反复观看薇娅、李佳琦、罗永浩等直播网红的视频，还聘请专家定格解说。几乎所有人都认为，他可以借着自己的名气大卖特卖一番，结果，还是“翻车”了。

事后，吴晓波在其微信公众号发表了一篇题为《吴晓波：十五罐》的文章，他在文中这样写道：

很多年后，回想起无比尴尬和羞愧的今天，我会对自己说，“我可是那个开过直播、翻过车的吴晓波”。

“在2020年，不看直播，不做直播，那就是白过了。”这句话是直播进行到一个小时左右的时候，脱口而出的。那时候，我对这场“新国货首发”还信心满满。四个小时后，我瘫坐在永艺的办公椅上，突然有种巨大的不适感和身心疲惫。

第二天，数据出来了。

优达人、知瓜和小葫芦等第三方平台的统计数据显示，观看人次830万，最高同时在线4万，客单价695元，交易金额2200多万元（后来发的战报，把定金换算成商品售价，“引导交易额”成了5000多万元）。

对于此次“翻车”事件，他给出的解释是：首先是因为自己的表现不够好，其次是选品有问题。不可否认，这是直播带货“翻车”的重要原因，除此之外，也与粉丝的黏性有关。毕竟，他是一位受众很广的财经作家，人们更习惯听他讲脱口秀，听他作一些理性的分析，而不习惯他直播卖东西。更何况，他的选品与客群之间缺少匹配性——没有选择突出“财经”或“作家”这两个身份的产品，而是选择卖奶粉。如此，观众就会产生疑问：在这方面，你真的就比宝妈们更在行吗？你凭什么就这么相信这款产品的品质？

那是不是说，吴晓波就没有带货能力呢？当然不是。

说白了，是他在自己不擅长的领域难以输出更有价值的干货，而他的专长是讲解金融知识。如果你不能就自己所销售的产品，输出更多有价值的观念、文化、思想，会很难实现IP的转化。因为，在如今这样一个文化与科技深度融合的时代，人们在消费时更加注重精神与文化追求，而不只是产品本身。

相较而言，那些成功的直播带货例子，都注重价值、干货等的输出，且推销的产品都有自己的背景来背书。例如，网红李佳琦本身就是欧莱雅美妆的一位导购，他在美妆方面有自己独特的见解与认识，而且他也能抓住女性消费者的需求；再如薇娅，从2003年开始，她就进入了服装销售行业，可以说是一位资深销售，而且她还做过歌手，有一定的表演能力与直播控场能力，并且对消费者心理有很好的把控。再如，罗永浩，他做过英语老师，有过人的口才，说话幽默，观点犀利，且创办过企业，在消费电子领域打拼多年。很多人都因为喜欢他的直播风格，愿意听他“讲相声”。

由此可见，货谁都可以带，但并不是因为你是名人，就一定能带出爆款——只是把直播带货看作一种孤立的卖货行为，而一股脑地“跨圈”“跨界”，那你的人气和最终的销量很难成正比。这样的例子比比皆是。

某知名歌手在直播时，有近百万人次观看，单价200元的奶茶，最终只卖了2000元。其理由是：“选品不好，且我没有销售经验。”某档节目的主持人，收了商家高额的坑位费后，在一个多小时的直播中，竟没有卖出一件商品，成为业界的一个笑谈。有一位知名演员，也尝试了一次直播带货，结果收获了一脸的尴尬：一场直播只卖了几个杯子，其他产品销售量为零。

从现象级网红，到各路明星纷纷跨界卖货，其成败的案例在提醒我们：直播带货，带的不只是流量，更是IP与文化。在如今的互联网环境下，不是说，你有点名气，往那里一坐，为商家与产品美言几句，订单就会像雪花般飘来。没名气不行，光有名气，没“文化”还不行。要玩转“粉丝经济”，一定要有卖点——可以卖情怀，卖品位，卖故事，甚至是卖关子……但就是不能在镜头前干巴巴地卖货——“买它！买它！”

只有赋予产品有趣的“灵魂”，赋予直播更多的文化内涵，才能更好地满足人们的消费需求。从这个意义上说，优秀的直播带货主播，不但能为大众营造有趣、多彩的娱乐景观与健康的“文化生态”，也能向公众与社会传递更多的正能量，或是输出有价值的干货，这本身就是一种文化，是一种对“粉丝经济”的赋能。